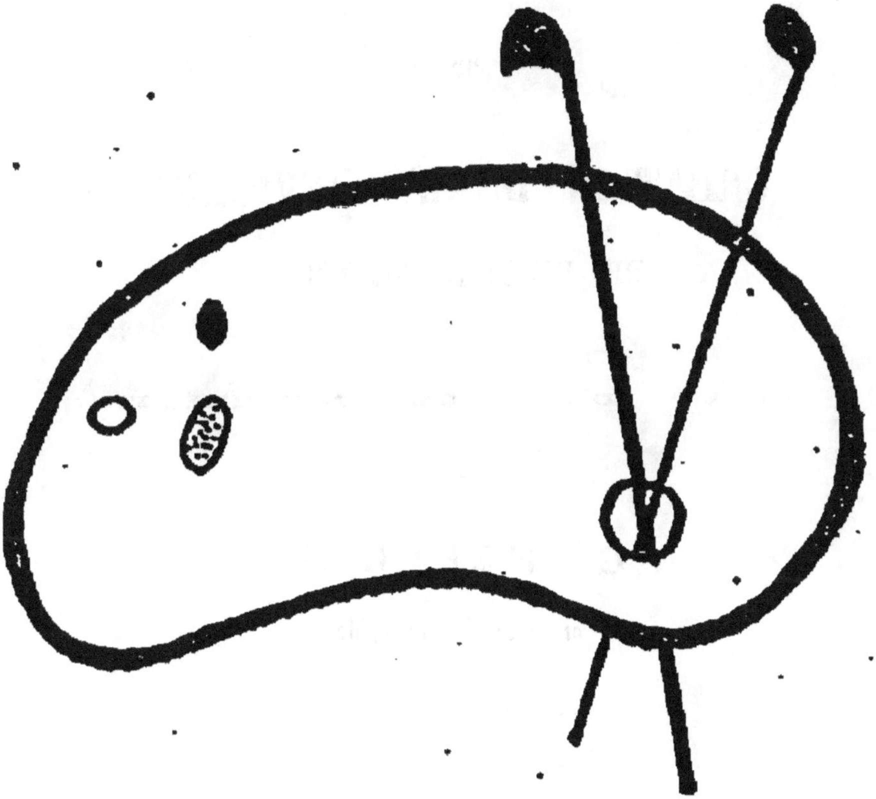

DEBUT D'UNE SERIE DE DOCUMENTS
EN COULEUR

NOTICE

sur la

CRÉATION DE L'ÉCHEVINAGE

DE VITRY-LE-FRANÇOIS

D'APRÈS DES DOCUMENTS INÉDITS

PAR

G. HÉRELLE

professeur de philosophie

VITRY-LE-FRANÇOIS

IMPRIMERIE LOUIS BITSCH

1882

Publications du même auteur.

Notice sur les Manuscrits de la Bibliothèque de Vitry-le-François ; Vitry, Pessez, in-8°, 1876.

Catalogue des Manuscrits de la Bibliothèque de Vitry-le-François ; Paris, H. Menu, in-8°, 1877.

Histoire du Collège de Vitry-le-François (1565-1850) ; Paris, H. Menu, in-8°, 1877.

Louis XVII en Champagne, an VI-an X ; Paris, L. Hurtau, in-8° 1878.

La Charte de Possesse et autres documents inédits, XIII°-XVI° siècles ; Vitry, Bitsch, in-4°, 1878.

Mémoire pour les habitants de Vitry-en-Perthois contre ceux de Vitry-le-François, 1587 (fondation du nouveau Vitry) ; Paris, H. Menu, in-4°, 1878.

Mémoires d'Hippolyte Thibaut sur les sièges de Sainte-Ménehould en 1652 et 1653, publiés sur les originaux, avec les traités de capitulation, etc. ; (Cabinet historique, 1879-1850.)

Documents inédits sur les Etats-Généraux, 1812-1789, tirés des Archives de Vitry-le-François, et publiés avec une introduction et des notes ; Paris, H. Champion, in-8°, 1879.

Correspondance inédite de Dom Thierry de Viaixnes ; Imprimerie de la Revue de Champagne, in-8°, 1880.

Mémoire des choses plus notables advenues en Champagne (1585-1598), publié sur le manuscrit de la Bibliothèque Nationale, Reims, Imprimerie Coopérative, 1881.

En préparation.

Histoire du Protestantisme dans le bailliage de Vitry.

Correspondance inédite pour servir à l'histoire des guerres de religion en Champagne, 1550-1600. Plus de 100 lettres originales.

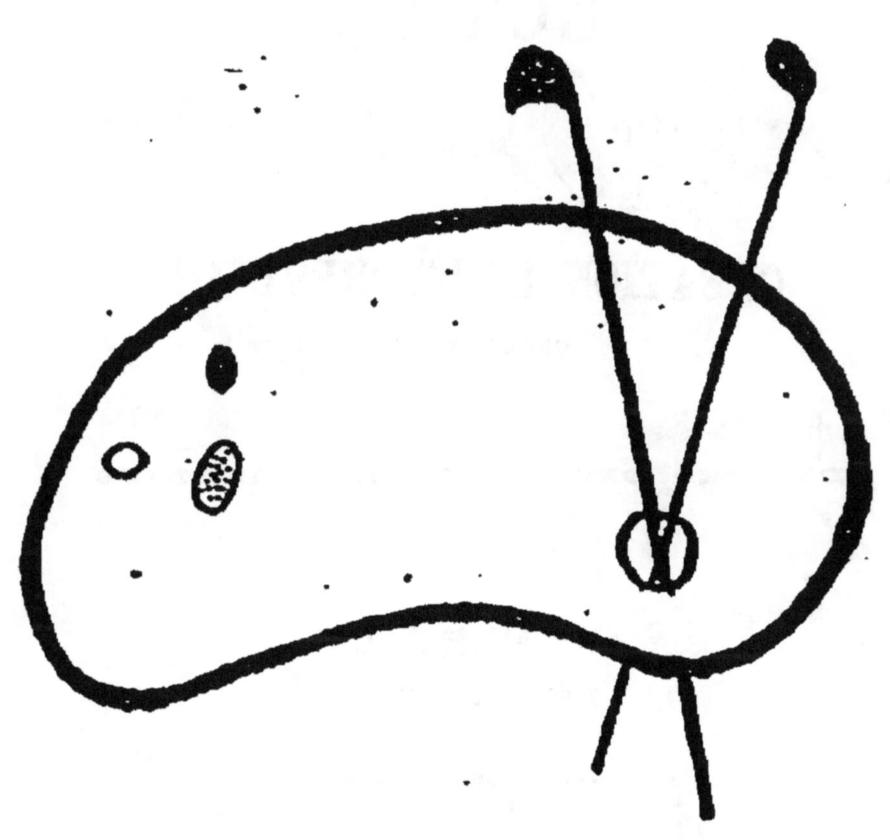

FIN D'UNE SERIE DE DOCUMENTS
EN COULEUR

NOTICE

sur la

CRÉATION DE L'ÉCHEVINAGE

DE VITRY-LE-FRANÇOIS

D'APRÈS DES DOCUMENTS INÉDITS

PAR

G. HÉRELLE

professeur de philosophie

VITRY-LE-FRANÇOIS

IMPRIMERIE LOUIS BITSCH, FILS

1882

NOTICE

SUR

LA CRÉATION DE L'ÉCHEVINAGE [1]

Si par la pensée nous nous reportons aux dernières années du xvi° siècle, nous sommes surpris de voir qu'à cette époque reculée les passions religieuses et politiques ont presque les mêmes objets qu'aujourd'hui ; elles ont aussi la même vivacité, la même obstination, les mêmes égarements ; et néanmoins le caractère, l'allure, la physionomie de ces passions est tout autre, car le milieu où elles se produisent est très dissemblable.

De nos jours, la rapidité des communications, l'abondance des livres et des journaux, la diffusion de l'instruction et le triomphe des principes démocratiques,

[1] Nous connaissons sur l'échevinage de Vitry trois études intéressantes : 1° un article de M. Barbat de Bignicourt, paru dans le journal la *Champagne*, le 25 et le 26 décembre 1873 ; M. Barbat analyse seulement l'organisation générale de ces conseils ; 2° l'Histoire de l'Échevinage de la ville de Vitry-le-François, par le D' Valentin, travail imprimé dans le premier volume de la *Société des Sciences et Arts* de Vitry-le-François ; 3° quelques pages de M. Bouchot, dans son histoire du bailliage de Vitry, que publie actuellement la *Revue de Champagne*. Aucun de ces travaux ne fait double emploi avec le nôtre ; car nous avons pu utiliser deux documents essentiels, restés inconnus aux historiens précédents : 1° le procès-verbal authentique de l'installation de l'échevinage, par le conseiller en Parlement commissaire délégué ; 2° les premières délibérations du registre BB. 1. dont l'écriture est si mauvaise que M. Ballidart, auteur d'un Recueil manuscrit bien connu de tous ceux qui se sont occupés de l'histoire de Vitry, avait renoncé à les lire.

font que chacun a des vues sur les affaires générales du pays, discute avec plus ou moins de compétence la conduite des hommes d'Etat et les tendances du gouvernement, soumet hardiment à l'examen l'organisation des pouvoirs publics et la valeur des lois constitutionnelles. En un mot, l'histoire politique de notre âge est avant tout l'histoire des doctrines, et amais le mot de Bacon n'a été aussi vrai que maintenant : « les idées gouvernent le monde. »

Sans doute, autrefois comme aujourd'hui, le simple particulier avait des idées, des maximes, des convictions ; il était ligueur ou royaliste ; il appréciait à sa manière les droits respectifs de la Papauté et de la Couronne ; mais, dans l'isolement de la province, il demeurait trop ignorant des choses de la cour, des intentions du Roi, des agissements des ministres, pour aire de tout cela l'objet de sa critique journalière ; à peine connaissait-il de nom ceux qui avaient la direction de ses destinées, et la nouvelle des événements ne lui parvenait souvent que plusieurs semaines après qu'ils étaient accomplis. Il en résultait que ses préoccupations ordinaires se renfermaient dans un horizon plus étroit, et qu'il concentrait sur des questions locales son activité intellectuelle et ses passions politiques. Dès lors, les affaires de clocher, les considérations de personnes prenaient une importance extrême ; les moindres quelles pour une attribution, pour un conflit, pour une préséance, mettaient la ville en émoi. Les haines, les amours n'avaient rien de spéculatif; les adversaires étaient aux prises, les rivaux se parlaient face à face ; et ainsi la vie sociale gagnait en intensité ce qu'elle perdait en étendue.

Tel est, à notre avis, le haut intérêt de ces livres spéciaux, œuvres d'une érudition consciencieuse et d'une patiente sagacité, dans lesquels l'historien s'efforce de ressusciter le passé d'une ville ou d'un village, de ramener un rayon de lumière sur leurs populations disparues. « Les histoires générales, comme l'affirmait » naguère un de nos grands écrivains, sont des abstrac- » tions, et il ne faut pas que ces abstractions nous » cachent les réalités. » Or, en matière historique, l'ob- servation particulière, c'est la monographie. Et, comme le dit encore excellemment M. Taine, « la monographie » est le meilleur instrument de l'historien ; il la plonge » dans le passé comme une sonde, et la retire chargée » de spécimens authentiques et complets. On connaît » une époque après vingt ou trente de ces sondages ; il » n'y a qu'à les bien faire et à les bien interpréter (1). »

Les guerres de la Ligue venaient à peine de prendre fin en Champagne. Sous prétexte de religion, on s'était

(1) Discours de réception à l'Académie, § 4.

livré à tous les excès ; pendant dix ans, la campagne
avait été au pillage, et les soudarts s'étaient occupés
plus volontiers de vendanger les vignes du voisin que
de soutenir la cause de Dieu (1) ; on avait pu, sans
exagération, s'adresser de part et d'autre des repro-
ches éloquents dans leur texte naïf : « Les troupes
» ont usé de telles inhumanités que, ne se contentans
» d'amener les hommes captifs, ils ont même usé de
» feu, et emmené les femmes, filles et paysans» (2).
» L'insolence et cruauté des soldats est tellement aug-
» mentée, que les barbares mêmes en auroient très
» grande horreur...... Les captifs sont géhennés des
» plus griefs tourmens, que les Turques mêmes ne
» voudroient inventer (3). » On ne s'était pas contenté
de faire la guerre au bonhomme ; on l'avait faite, et
de préférence, à son cheval, à son bœuf, à son âne.
Pour obtenir que les combattants renonçassent à « ces
» voies exorbitantes et extraordinaires, » les bons
citoyens avaient supplié royalistes et ligueurs de se
ressouvenir « que leurs pères les ont fait naître et ins-
» truire à la religion oatholique, la quelle ne peut
» trouver bon telles cruaultés (4) » ; mais ils avaient
perdu leur temps à prêcher ces forcenés, ou, pour

(1) Lettre des députés de Châlons, 7 octobre 1592.

(2) Lettre des échevins de Reims aux échevins de Châlons, du 19 septembre 1590.

(3) Lettre des échevins de Reims aux Châlonnais, du 4 septembre 1592.

(4) *Ut supra*, lettre du 4 septembre 1592.

mieux dire, ces pillards, qui, dans la calamité publique, voyaient surtout un moyen de faire leurs affaires(1) et de vivre grassement aux dépens d'autrui.

Pourtant, avec l'excès de la misère, vint l'heure de la lassitude.

Dès le mois de septembre 1590, il y eut des pourparlers, et François de Bar, à qui la ville de Châlons avait confié le soin de négocier, écrivait à ses commettants : « Nous pouvons vous dire que tout le pau- » vre peuple, qui sçayt nostre charge, tend les mains » après ceste œuvre, laquelle nous ne voyons pouvoir » réussir (2) ! » En effet, il n'y eut de trêve durable qu'après la signature des traités d'Avenay, le 7 octobre 1592. Alors, le laboureur jouit d'un peu de repos ; lorsqu'une bande ennemie lui enleva ses chevaux, ses vaches, ses charrues, il eut quelque espoir, en s'adressant aux chefs, de recouvrer ce que le voleur n'avait pas eu le moyen de faire disparaître dès le premier moment (3). Ainsi, la nation reprit l'habitude et le goût de la paix, dont elle avait d'ailleurs le plus urgent besoin : les gentilshommes, retenus loin de leurs domaines, s'étaient appauvris, et ne demandaient qu'à rentrer dans leurs foyers(4) ; les villes avaient fait de lourds em-

(1) Lettre de Debar, député, au Conseil de Châlons, 9 septembre 1590. Et autres du duc de Nevers.

(2) Lettre du 9 septembre 1590.

(3) Voir de nombreuses lettres relatives à des vols de bétail.

(4) Voir la lettre des députés de Châlons, du 1er mai 1593, et les observations faites par le duc de Nevers, la même mois.

prunts pour payer leurs garnisons, pour réparer leurs murailles, pour contribuer aux dépenses des armées, et elles comprenaient que la continuation de la guerre serait l'achèvement de-leur ruine ; les paysans se souvenaient avec envie des jours heureux où l'on était sûr de récolter le blé qu'on avait semé, de vendanger le raisin qu'on avait vu en fleur. Bref, la trêve générale du 31 juillet 1593 fut accueillie en Champagne comme un soulagement longtemps attendu et impatiemment désiré. La conversion du Roi, survenant bientôt après, finit d'apaiser les esprits et d'assurer la tranquillité de la province. Enfin, l'œuvre de pacification fut achevée par la publication de l'édit de Nantes, qui accordait aux Réformés, sinon toutes les libertés légitimes, du moins toutes les tolérances nécessaires. Dès lors, Henri IV parut à la grande majorité de ses sujets comme un sauveur, dont on parla avec une admiration respectueuse. Et, en cet endroit, nous ne pouvons mieux faire que de rapporter les paroles d'un poète de Vitry, contemporain des événements, et fidèle écho de la pensée populaire (1) :

> Tu fus, es et sera nostre bon protecteur,
> Du royaume françois le vrai restaurateur,
> Ayant toujours en main le glaive de justice ;
>
> Ton regard aux meschans cause appréhension ;
> Mais à nous, vrais subjects de la dévotion,
> Ton œil nous sera deux, et ta vue propice.

(1) *David Jossier*, in-12, 1604. Poésies publiées sans nom de lieu, mais sans doute à Genève. Voir la notice de M. Godet, *Bibliothèque Universelle et Revue Suisse*, septembre 1879.

I.

Les protestants de Vitry bénéficièrent de la justice royale en obtenant le libre exercice de leur culte au bourg de Vitry-en-Perthois. Les chefs du parti catholique, entre lesquels il faut mettre au premier rang M. de Lalain, avaient fait tous leurs efforts pour empêcher cette concession ; mais leurs requêtes échouèrent contre la volonté d'Henri IV et la fermeté de ses commissaires. Après un débat contradictoire, M. de Monlouët et le président Jeannin arrêtèrent que les réunions religieuses se tiendraient dans l'ancienne ville, sans préjudice du culte que les seigneurs de Blacy avaient droit d'établir sur leurs terres. Par un heureux renversement dans l'application des formules accoutumées, l'ordonnance rendue faisait « inhibitions et deffences à touttes per-
» sonnes, de quelque qualité ou condition qu'elles
» fussent, de troubler les protestans, directement ou
» indirectement, en choses justes, à peine d'être punys
» comme perturbateurs du repos public (¹). »

Désormais, les calvinistes ne doutèrent plus que le gouvernement leur accordait une protection sincère et efficace. Forts de cette haute bienveillance, ils résolurent d'assurer leur repos en prenant l'initiative d'une réforme du conseil de ville. Mais, pour bien comprendre leur intention et la hardiesse de leur projet, il est

(1) Arch. m. de Vitry, GG. 282, original en parchemin.

nécessaire de rappeler en quelques mots ce qu'était de temps immémorial l'administration municipale de Vitry.

Aussi loin que les documents originaux nous permettent de remonter, c'est-à-dire depuis le mayeur Pierre dont il existe deux actes de 1233 (¹), la communauté était régie par des « gouverneurs », qui administraient les biens de la ville et approuvaient les comptes(²), sous la surveillance de l'autorité judiciaire. Au xvⁱᵉ siècle, on voit que chaque année deux gouverneurs sont élus pour deux ans, de sorte qu'il y en a toujours quatre en titre ; mais les deux anciens seulement ont la direction effective des affaires. Dans la ville nouvelle, le même usage se continue, et le corps municipal, formé des quatre gouverneurs et de quelques conseillers, prend le nom de *Conseil Particulier*. D'ailleurs le bailli ou son lieutenant conservent la haute main sur l'administration, ils président les séances du Conseil, ils président aussi les assemblées générales où se font les élections et où se débattent les questions les plus importantes. La perte des registres des conclusions nous empêche de savoir l'attitude qu'affectait alors la magistrature à l'égard des officiers municipaux ; mais, si l'on en juge par ce qui arriva plus tard, elle dut n'être pas toujours très-conciliante et très-courtoise : il y eut sans doute plus d'une délibération entravée, plus d'une dé-

____

(1) Arch. dép. Fonds de Cheminon. La charte de commune accordée à Vitry date, selon Ducange, de 1230.

(2) Voir les registres de comptes conservés aux archives de l'hôpital.

cision imposée par la volonté du magistrat-président.
En réalité, le corps judiciaire était maître-de la cité ; et
cette toute-puissance parut d'autant plus tyrannique
qu'elle se concentra et se perpétua dans une seule
famille. Lorsque la ville fut changée d'emplacement par
François Ier, Anthoine Linage était lieutenant-général
au bailliage[1] ; c'est lui qui avait fait les démarches les
plus actives pour obtenir les lettres patentes de 1545,
et beaucoup de gens pensèrent que ce zèle était sti-
mulé par l'intérêt individuel plus que par l'intérêt
général [2]. Son successeur fut Jacques Linage, qui
occupa la charge dès 1564, et qui la tenait encore en
1588 ; il se fit nommer député aux Etats-Généraux
pour le tiers-état de Vitry, comme on le constate par
les frais de voyage que lui paya la communauté [3]. En
1596, un autre Anthoine Linage a repris ces fonctions ;
c'est de lui que nous avons à parler maintenant ; il
n'est donc point hors de propos de donner une esquisse
de son caractère, d'après les souvenirs que nous ont
conservés les documents authentiques.

Ce premier magistrat d'une très vaste circons-
cription judiciaire avait l'esprit tracassier et le caractère vaniteux ; bien qu'il ne pût prétendre qu'à la no-

(1) Ces détails chronologiques sur la famille Linage sont extraits du Ms.
83 de la bibl. de Vitry. Un autre Ms. du xviii° siècle, conservé dans une
bibl. particulière, mais moins digne de foi, donne une succession de
lieutenants-généraux un peu différente.

(2) Voir le Mémoire pour les habitants de Vitry-en-Perthois, publié
par G. Hérelle, in-4°, 1878.

(3) CC. 77. f° 117.

blesse de robe que ses fonctions lui conféraient personnellement, il eût bien voulu s'attribuer les privilèges
honorifiques et les exemptions pécuniaires attachés à
la noblesse de race. Très jaloux de ses droits, de ses
titres et de ses préséances, il faisait bon marché des
affaires publiques lorsqu'il y allait de son propre avan-
tage : la suite démontrera qu'en pareille circonstance
il ne craignait point de pousser les choses à la dernière
extrémité; de plus, catholique ardent, ennemi déclaré
de la Réforme, toujours cherchant querelle à ses adversaires politiques et religieux ; son père avait été un
ligueur exalté, un ami de St-Paul, un serviteur du duc
de Guise ; lui-même s'était opposé de toutes ses forces à
l'établissement du prêche dans le voisinage de Vitry, et
certainement il ne manquerait aucune occasion de tour-
menter les protestants s'il en avait le moyen. Et rien
ne lui était plus facile que de les poursuivre de taquineries et de vexations incessantes, s'il conservait dans
sa main l'administration et la police municipales.
Jusqu'alors il avait même réussi à les écarter entièrement des charges de la ville (¹). En somme, le lieutenant-général était un homme de parti, plutôt qu'un
homme de justice : à ce titre, il avait des amis
fervents, mais il avait plus d'ennemis encore, et les
hommes sages, quelle que fût d'ailleurs leur opinion
politique ou religieuse, regrettaient qu'au Conseil de

(1) Voir le Procès-Verbal, fo 2, verso.

ville et au prétoire la passion usurpât trop souvent un rôle qui ne doit revenir qu'à l'équité.

Anthoine Linage avait pour adversaire principal maître Denis Varnier, avocat et lieutenant-criminel, chef des religionnaires. Denis Varnier appartenait à une bonne famille (¹) qu'on trouve établie à Frignicourt depuis le xvᵉ siècle ; les armes qu'on lui attribue sont d'azur, au chevron brisé d'argent, en plein champ, au coq armé, membré, empenné, d'or en pointe, au chef d'or, chargé de trois roses épanouies, l'écu sommé d'un heaume dont le cimier est un coq d'or battant des ailes, cresté et barbé de gueules, les lambrequins dia-prés des couleurs de l'écu. Mais, ce qui valait mieux pour lui que ces armoiries compliquées, c'est l'estime que la ville lui accordait libéralement, et l'autorité que sa conduite, à la fois énergique et impartiale, lui avait acquise. Il ne comptait guère moins d'amis parmi les catholiques que parmi les protestants ; de sorte que, si le président régnait par la force de ses prérogatives et par l'influence d'une tradition presque séculaire, le lieu-tenant-criminel lui opposait une résistance dont, en dernière analyse, les causes étaient plus profondes et l'action plus efficace.

Denis Varnier résolut d'enlever la direction des af-faires communes au lieutenant-général, et, pour arriver à ce résultat, il fit le projet d'obtenir l'établissement

(1) Voir la généalogie de la famille Varnier, dans le Ms. des familles protestantes, (Bibliothèque de madame Jean Bertrand.)

d'un échevinage, dont la présidence serait élective comme toutes les autres charges municipales. Le moment était habilement choisi ; Henri IV voyait de mauvais œil cette magistrature qui lui avait créé tant d'entraves ; il se défiait de ces officiers judiciaires, qui avaient si souvent interposé entre le gouvernement et la nation leurs passions égoïstes et leurs intérêts illicites, et qui, à la faveur de l'anarchie, s'étaient emparés d'un pouvoir capable de faire échec à celui do l'Etat. En ce moment même, il préparait la suppression d'un grand nombre d'offices de judicature et de finance (1), et travaillait sans relâche à corriger les abus qui s'étaient répandus dans toutes les administrations publiques. Il était donc permis d'espérer qu'on obtiendrait gain de cause, si on pouvait lui représenter fidèlement la situation de la ville et la puissance abusive de M. Linage. Mais, pour tenter cette démarche, il fallait avoir reçu mandat des habitants ; et ce mandat ne pouvait être donné que par l'assemblée générale. Or, M. Linage était seul en possession de convoquer et de présider, par lui-même ou par un lieutenant délégué, la réunion plénière des électeurs ; et point n'était besoin de grande perspicacité pour prévoir qu'il ne consentirait jamais à mettre un pareil objet en délibération.

Dans cette nécessité, les opposants décidèrent de tenter un petit coup d'état municipal, dont l'occasion

(1) Henri Martin, p. 441, tome X. — 1603.

vint bientôt s'offrir à souhait. Justement, le 3 mars de l'année 1603, le Roi devait être à Châlons (1) ; son passage donnerait lieu à des réceptions solennelles, et les officiers de justice de toutes les villes voisines viendraient en grand apparat pour saluer Sa Majesté. Denis Varnier réunit dans sa maison (2) les personnages les plus influents du parti réformateur, Richard Blanchard, l'un des gouverneurs, Jacques Rollet, prévôt royal, Gilles Jacobé, syndic des habitants, Pierre de Névelet, parent par alliance du célèbre Pithou, Jean Domballe, procureur du Roi, toujours prêt à jouer au président quelque tour de sa façon, et même plusieurs conseillers au bailliage, que les façons autoritaires de M. Linage avaient aliénés à sa cause (3). Et là, dans le plus profond secret, fut machinée la conspiration que voici :

A la rigueur, en l'absence du lieutenant-général, et pour affaires très urgentes, l'usage permettait que la convocation de l'assemblée se fît sans délégation par l'ordre d'un des anciens du siège, qui prenait alors la présidence, mettait les matières en délibération et recueillait les voix (4). On profiterait donc du départ du terrible président pour réunir en toute hâte le corps électoral, et, pendant que M. Linage et ses amis, Nicolas Le Besgue, Boyot, lieutenant en prévôté, Gilles Jacobé,

(1) De Barthélemy, *Hist. de Châlons,* p. 239.
(2) BB. 1. fo 10.
(3) Procès-verbal d'élection etc. fo 8.
(4) *Ibid..* fo 4.

avocat au bailliage, de Combles, lieutenant particulier, présenteraient à Henri IV leurs humbles respects, la ville nommerait des députés pour obtenir du Roi, au détriment des complimenteurs, la séparation du pouvoir judiciaire et du pouvoir administratif.

Ainsi fut dit, ainsi fut fait. Dès que la voiture qui emportait M. Linage eut disparu au loin sur la route de Châlons, les cloches sonnèrent à toute volée, la trompe retentit à tous les carrefours pour appeler les électeurs à la réunion du lendemain. Les témoignages nous manquent pour décrire exactement la physionomie de cette assemblée singulière, publique et clandestine à la fois, où la majorité des habitants conspirait en plein jour et par une délibération solennelle contre les antiques privilèges des magistrats de la cité.

Ce qui est certain, c'est qu'à l'unanimité des suffrages Richard Blanchard, conseiller du Roi, et Pierre de Névelet, écuyer, seigneur de Dosches, reçurent mission de se rendre en cour et de faire auprès du Roi les démarches utiles(1). Lorsque le lieutenant-général revint de Châlons, il trouva tout terminé. Pour ajouter à cette manœuvre une nuance de dérision, les résolutions prises ne lui furent pas même communiquées officiellement (2) : il semblait que par cette négligence volontaire on eût voulu lui signifier la fin d'un pouvoir devenu insupportable. En vain protesta-t-il hautement

(1) Procès-verbal, f° 1.
(2) Procès-verbal, f° 2.

que la procédure suivie était irrégulière, que ses adversaires avaient agi par surprise, « mandié et praticqué
» par monopole et sans le consentement des principaux
» juges (1) » ; que c'était une manœuvre des religionnaires ( ) et que par suite les actes de l'assemblée, nuls
et de nul effet, ne pouvaient conférer aux députés aucune autorité légitime. Le Conseil particulier lui-même,
dont la suppression était en jeu, se trouvait partagé sur
cette question ; à vrai dire la majorité, formée d'amis et
de créatures de M. Linage, ne voulait ou n'osait lui
refuser son assentiment ; mais les plus considérables
soutenaient qu'il fallait se rendre à la volonté publique
et poursuivre la réforme des institutions municipales.

Forts de ce concours désintéressé, MM. Blanchard et
de Névelet rédigèrent une requête dont les conclusions
étaient ainsi formulées : « qu'il pleust au Roy ordonner
» que par les voix et suffrages des habitants de Vitry,
» assemblés en la manière accoustumée, il sera doresen-
» avant proceddé à la nomination et ellection d'un
» maire, eschevins, conseillers de ville et autres offi-
» ciers, en tel nombre qu'il plaira à Sa Majesté, auxquels
» *privativement à tous autres* appartiendra la direction
» et maniement des affaires et deniers de ladicte com-
» munauté », avec mêmes honneurs, droits et privilèges
dont jouissait le conseil établi dans la ville de Troyes(3).

(1) BB. 1, f° 4.
(2) Procès-verbal, f° 2. verso.
(3) Arrêt du 29 juillet 1603.

Cette requête fut aussitôt portée en cour par les députés.

Cependant M. Linage ne restait point inactif, et il se donnait autant de mouvement pour annuler les efforts de la ville, que la ville pour réduire les prérogatives du président. Dès qu'il avait été suffisamment averti des menées de ses adversaires, il avait couru à Metz, où la cour se trouvait alors, pour essayer d'arrêter la chose dès son principe. Puis il avait couru à Troyes, pour mettre dans ses intérêts le gouverneur de Champagne, dont il n'ignorait pas qu'on demanderait l'avis. Là, il eut assez de crédit pour obtenir que l'assemblée du 3 mars fût considérée comme illégale et nulle ; mais il ne put empêcher que l'affaire semblât d'importance et que le gouverneur commit M. de Dinteville, son lieutenant, pour faire une enquête « sur la commodité ou incommodité » de l'échevinage, et pour présider une assemblée nouvelle qui confirmerait ou invaliderait les résolutions prises dans l'assemblée antérieure. Or, en présence de M. de Dinteville, qui pourtant ne paraît pas avoir été favorable aux innovateurs, ce qui s'était fait précédemment fut avoué par une majorité considérable ; les simples bourgeois, les officiers du Roi, les conseillers du bailliage, les élus, les grénetiers, le chapitre(1) même n'eurent qu'une voix pour réclamer la poursuite des démarches com-

(1) Procès-verbal, f° 5.

mencées ; il ne se trouva que sept personnes pour faire expresse opposition, et pour protester qu'elles empêcheraient par tous les moyens le changement des institutions existantes (¹). Naturellement M. Linage fût du nombre, et on va voir qu'il tint parole.

Lorsque le Conseil d'Etat reçut le procès-verbal de l'enquête, il se crut suffisamment éclairé sur l'affaire et suffisamment sûr de la volonté publique. Par arrêt du 29 juillet 1603 il accorda la création de l'échevinage et délégua un conseiller et un maître des requêtes ordinaire de l'hôtel du Roi, le sieur Durant, pour préparer le règlement qui fixerait le mode de nomination et les attributions des échevins. Le projet de Durant fut approuvé par arrêt du 9 octobre, puis confirmé par lettres patentes du même mois. Le Roi, dans le préambule de ces lettres, explique par la dépopulation du pays et par la misère des temps l'oubli de son aïeul François Ier, qui avait négligé d'établir à Vitry « des ma-
» gistrats populaires »; il ajoute que les accroissements successifs de la ville ont rendu cette concession juste et nécessaire ; car il s'y offre « des affaires communs qui
» requièrent estre régis et administrez par personnes
» copables et qui y soient particulièrement appellés
» pour en avoir le soin et la sollicitude ; et mérite bien
» à présent la communauté de tant de notables habitans
» qui y sont résidens d'avoir lesdits magistrats entre

(2) Procès-verbal, f° 6, verso.

» eux, qui, oultre le soin du public, ne proffieteront et
» serviront moings à la seureté et conservation de
» ladicte ville (¹) ». Cette dernière phrase, dans sa forme
obscure et enveloppée, ressemble bien à une épigramme
discrète contre les prétentions du lieutenant-général.

Puisque le règlement du 9 octobre fut en quelque
sorte pendant deux siècles la charte constitutionnelle du
gouvernement de notre cité, il n'est point superflu d'en
rappeler ici les principales dispositions.

En temps ordinaire l'élection se ferait au suffrage
presque universel (²), dans une assemblée tenue le
dimanche avant la St-Martin d'hiver(³) sous la présidence
du lieutenant-général et en présence des gens du Roi.

Pour la première fois, les habitants nommeraient
quatre échevins, cinq conseillers, un procureur syndic,
un greffier et deux sergents de ville. Les échevins
prêteraient le serment par devant le lieutenant-général
ou, à son défaut, par devant l'un des lieutenants
criminel ou particulier ; quant aux conseillers de ville
et autres officiers, ils feraient le serment ès mains des
échevins. Ensuite, il s'établirait une sorte de roulement ;
au bout de deux ans, deux échevins sortiraient de
charge, et les deux autres y demeureraient « comme an-

(1) Ces pièces se trouvent en copies collationnées aux Arch. Mun. AA 4.
elles sont aussi registrées au registre BB. 1. En outre, l'édit de création
a été imprimé sans lieu ni date (4 feuillets in-4º) ; plusieurs exemplaires
sont aux archives municipales.

(2) Ms. 88 : Commentaire sur la coutume.

(3) Voir aussi l'analyse du même document par M. Valentin, qui s'est
attaché au détail plutôt qu'à l'esprit des lettres royales.

» ciens, pour instruire des affaires les deux nouvel-
» lement esleus. » Quant aux conseillers de ville, leur
mandat serait de 4 ans et ils seraient élus trois par trois,
de sorte que dans le Conseil renouvelé le précédent
conseil compterait toujours deux représentants.

Une fois le corps de ville constitué, la tenue des
séances était réglée par ces deux articles, qui contiennent tout l'esprit de la réforme si vivement désirée.

« Au conseil n'assisteront que les dicts quatre esche-
» vins et cinq conseillers, sinon que, par advis
» d'iceluy, autres habitans et bourgeois y fussent
» quelquefois appelés pour y assister.

» Celui des eschevins qui sera premier esleu en
» ladicte charge par ladicte assemblée générale prési-
» dera au conseil de ville, et en son absence le
» second, et ainsi consécutivement. »

M. Linage se trouvait donc entièrement exclu de ce
conseil dont il avait été si longtemps le maître ; il ne
pourrait plus s'y présenter qu'après invitation ; il n'aurait aucun droit de contrôle sur les questions proposées
ni sur les décisions à prendre. Il se sentait tout à
coup réduit au rôle de simple citoyen.

Ce qui put encore irriter sa mauvaise humeur, c'est
que le règlement déterminait avec une précision parfaite toutes les attributions du conseil de ville : en face
d'un texte aussi formel, il n'y avait guère espérance de
trouver des moyens de chicane. — Aux échevins et conseillers appartenait la connaissance «des affaires et deniers

» tant communs que d'octroy de ladicte communaulté,
» mesmes des réparations des portes et murailles,
» pavé, chaussées, ports, et passages entretenus des
» deniers communs, ensemble la juridiction desdicts
» cas à eulx attribués, ressortissant l'appel d'iceulx
» pardevant le bailly dudict Victry ou son lieutenant » ;
en l'absence du gouverneur militaire, les échevins
garderaient à tour de rôle les clefs de la ville ; ils feraient
la répartition des logements militaires par bulletins
distribués d'accord avec les maréchaux des logis et les
fourriers des compagnies ; ils seraient exempts de loger
des soldats aussi bien que le lieutenant général lui-
même et les premiers officiers du siège.

Enfin le Roi avait ordonné que l'édit serait registré
au Parlement et que l'exécution du règlement annexé
serait commise au premier maître des requêtes conseiller en cour souveraine trouvé sur les lieux, ou au
bailli de Vermandois, de Troyes et de Chaumont et à
leurs lieutenants, premiers sur ce requis ; que des
lettres d'assiette seraient accordées pour prélever par
une imposition extraordinaire les frais de poursuite et
d'établissement de l'échevinage, et que le commissaire
député pour l'exécution aurait pouvoir d'arrêter la taxe
de ces frais, « en rapportant le consentement général
des habitans. » C'est-à-dire que la révolution municipale pouvait devenir un fait accompli, sans aucune
intervention de M. Linage.

L'enregistrement au Parlement eut lieu le 15 novembre 1603, et une ordonnance de la Cour, datée du même jour, arrêta que les élections prochaines devraient être faites pour le 1er janvier 1604.

En recevant cette bonne nouvelle, MM. Denis Varnier, Blanchard et de Névelet purent croire à un succès définitif.

Et au contraire les embarras ne faisaient que commencer.

II.

Décembre 1603.

Pour l'exécution des lettres royales, MM. R. Blanchard et P. de Névelet ne s'adressèrent point aux lieutenants des baillis de Troyes ou de Langres, dont ils pouvaient soupçonner la partialité en faveur de M. Linage, leur collègue ; mais ils allèrent à Reims (1) où Jacques Pinon, conseiller en Parlement, était alors de passage, et ils prièrent ce magistrat d'accepter à leur requête les fonctions de commissaire.

Après examen de l'affaire, J. Pinon, par ordonnance du 19 décembre, enjoignit « à tous les manans et » habitans de la ville de Victry, tant officiers du Roy » que autres, de s'assembler et comparoir pardevant » luy en ladicte ville de Victry dans la salle de l'auditoire

(1) Ils arrivèrent le mardi 16 décembre.

» dudict bailliage le dimanche 28esme dudict mois, pour
» entendre la lecture qui leur seroit faicte desdictes
» lettres patentes en forme d'eedict, contenant la
» création et establissement d'un corps de ville en la
» ville de Victry,.... pour estre proceddé à l'eslection
» desdicts officiers et iceulx voir recevoir et instituer
» et prester le serment suivant et conformément aus-
» dictes lettres et vérification d'icelles (¹). » Cette ordonnance, rapportée en hâte par les députés, fut mise
aux mains du procureur du Roi, qui la fit publier à
son de trompe dans les carrefours, afficher à la porte
de l'église, sous la halle, contre les piliers du palais de
justice, et signifier aux gouverneurs municipaux
et au procureur de la communauté. Ces formalités
accomplies, Blanchard et Névelet revinrent vers J.
Pinon le 23 décembre, et ils le supplièrent de se
rendre à Vitry avant le jour assigné pour l'assemblée
générale ; ce qui leur fut accordé.

Mais le même jour, dans la soirée, arrivait à Reims
une autre députation : c'était maître Gilles Jacobé,
avocat au bailliage, et maître Hiérosme Boyot, lieutenant en la prévôté, qui, délégués par le conseil privé
et munis de lettre de créance (²), venaient protester
contre les agissements du parti réformateur et s'opposer
de tous leurs moyens à l'exécution de l'ordonnance du
19 décembre. Ils furent reçus le lendemain, et expo-

(1) Procès-verbal, f° 1, verso.
(2) Datées du 21 décembre ; f° 2, verso.

sèrent leur mission dans des termes dont le procès-
verbal nous a conservé une analyse sommaire (¹) :

« Nous avons charge, dirent-ils, de vous remontrer
» que la poursuite de l'échevinage a été faite par des
» personnes qui ne se trouveront bien avouées. La
» députation, en vertu de laquelle elles prétendent avoir
» eu pouvoir de poursuivre, leur a été donnée dans
» une assemblée qui n'était point légitime, en l'absence
» des principaux officiers du Roi et des gouverneurs.
» Cette assemblée a eu lieu par les pratiques de ceux
» de la Religion prétendue réformée, qui désiraient
» entrer aux charges de la ville et en avoir le gou-
» vernement. Les députés nommés ont agi et négocié
» sans en donner aucun avis au conseil ; ils n'ont
» communiqué ni les lettres patentes par eux ob-
» tenues, ni l'arrêt de vérification ; et cependant la
» communication était une nécessité préalable, pour
» voir si le règlement y contenu serait utile ou nuisible
» à la communauté. » Bref, ils demandèrent à J.
Pinon d'ajourner son départ.

Mais le commissaire répartit ; « De tous les do-
» cuments de la cause, et même de ceux que vous
» invoquez, il résulte que Sa Majesté, avant d'accorder
» ledit échevinage, a voulu avoir l'avis de M. de
» Nevers, gouverneur de la province ; M. de Nevers,
» par le sieur de Dinteville son lieutenant, a consulté

(1) Nous reproduisons le texte du procès-verbal, en substituant néan
moins dans le discours la forme directe à la forme indirecte.

» les habitants sur la commodité ou l'incommodité de
» l'institution nouvelle ; la majorité s'est prononcée en
» faveur de l'établissement d'un corps de ville. Le Roi
» a donc décidé en parfaite connaissance de cause.
» D'ailleurs n'appert-il pas de cette délibération dont
» vous êtes porteurs et de ces lettres de créance que
» vous me présentez, qu'au conseil même les opinions
» ont été partagées ? Plusieurs membres n'ont-ils pas
» déclaré qu'à leurs yeux les démarches faites par
» Névelet et Blanchard étaient régulières et légales ? »
Il conclut en affirmant qu'il serait à Vitry au jour
assigné.

Jacobé et Boyot, mécontents, se retirèrent et firent
leur rapport à M. Linage.

J. Pinon se mit en route le vendredi 26 décembre,
avec l'intention de coucher à Châlons. Dans cette ville
il reçut encore deux députations. La première, à la tête
de laquelle était J. Domballe, procureur du Roi, salua
le commissaire au nom des habitants, et lui exprima
la joie avec laquelle on l'attendait. La seconde, conduite par Nicolas Le Besgue, avocat du Roi, répéta
les arguments déjà exposés l'avant-veille par Boyot,
mais sans plus de succès.

Le samedi, comme J. Pinon était à mi-chemin de
Vitry, une grande foule de bourgeois, accourus au
devant de lui, l'acclamèrent et lui firent escorte. Un peu
plus loin les gouverneurs lui souhaitèrent la bienvenue
et l'invitèrent « à prendre logis en maison publique »,

pour être accessible à tous ceux qui voudraient lui parler : sans doute ils craignaient que le lieutenant général, trop prévenant, ne lui offrît sa maison et n'en fermât ensuite la porte à tout le monde. J. Pinon comprit ces raisons sous-entendues, et se logea à l'hôtellerie « où pend pour enseigne la couronne. »

A peine était-il installé qu'Antoine Linage, suivi de M. de Combles, de M. Le Besgue et de plusieurs membres du conseil privé, se présenta à l'hôtellerie. Jusqu'alors il n'avait point pris de part visible à la querelle, et il avait trouvé plus habile de faire protester par d'autres moins directement intéressés que lui; mais, maintenant que l'heure de la crise décisive était venue, il n'hésitait plus à intervenir personnellement auprès du commissaire royal. Quelques instants après, MM. Névelet, Blanchard, Denis Varnier, Jacques Rollet (¹), Jean Domballe, un grand nombre d'habitants notables, furent introduits à leur tour dans la chambre. Ainsi les adversaires se trouvèrent en présence, et une vive discussion commença. Aux arguments précédemment invoqués on joignit des mots piquants, des allusions blessantes. « Le bailliage a toujours bien » administré, » dit M. Linage. « Et d'où vient alors, » lui répliqua-t-on, que le peuple s'est adressé au Roi » pour le supplier de vous ôter le pouvoir ? » — » Nous n'avons en vue que l'intérêt général et le ser- » vice public. » — « Dites bien plutôt que vous

(1) Prévôt.

» songez à votre propre intérêt et que vous voulez
» rester maîtres des affaires. » Le débat fut long et
n'aboutit à rien. Enfin, J. Pinon renvoya les parties à s'expliquer le lendemain devant l'assemblée
générale.

L'assemblée eut lieu à l'issue de la messe paroissiale,
sous la présidence de J. Pinon. Le peuple se pressait
au palais de justice et emplissait la salle de l'auditoire ;
il y avait telle affluence que l'édifice n'était pas assez
grand pour contenir la foule et que beaucoup de
gens se tenaient dehors. Le commissaire, entouré des
officiers du siège présidial, prit le premier la parole
pour exposer l'objet de la réunion ; il fit observer qu'il
s'agissait, non plus de discuter sur le bienfait royal,
mais d'obéir aux ordres formels de Sa Majesté. « S'il
» y a parmi vous, ajouta-t-il avec malice, quelqu'un
» qui, pour quelque injure particulière ou pour quel-
» que autre intérest qui le concernast, fust poussé à y
» apporter de la contradiction, je l'exhorte de déposer
» touttes ces considérations, je le conjure par l'amour
» de son païs et le zèle qui doibt avoir au service du
» Roy, de donner tout cela au publicq et oublier les
» offences qu'il pourroit avoir reçues. Embrassez tous
» ensemble ce nouvel establissement ; faites cognoistre
» que vous n'estes plus maintenant qu'un corps relié
» et rassemblé de toutes ses parties qui estoient au-
» paravant divisées. . . . . . Considérez que vostre ville
» est frontière, qu'elle est l'une des portes du Royaume

» par où peuvent entrer les estrangers, et qu'elle est
» bastye des ruines d'une autre ville par où ils sont
» entrez autrefois... Le fondateur de vostre ville,
» l'honorant de son nom, l'a aussy honorée des juris-
» dictions royalles qui estoient en l'antienne ville de
» Victry ; mais Dieu a voulu que ce dernier accrois-
» sement luy fust donné par nostre Roy, affin que,
» tout ainsy que par bon augure elle a pris son com-
» mencement soubs les auspices de ce grand Roy
» François, elle prist aussy sa perfection soubs les
» auspices de ce grand Roy Henry à présent régnant,
» du bienfait duquel vous ne debvez pas faire moins
» de cas que de celluy de vostre fondateur mesme. »

Ce discours surprit M. Linage et le mit dans un cruel embarras ; car, la question étant ainsi posée, il ne lui était guère possible de protester sans rendre suspecte son obéissance à l'autorité royale et sans découvrir les passions qui l'animaient. Cependant, sous peine de perdre une dernière chance de succès et de renoncer pour jamais à ses chers privilèges, il fallait répondre ; malgré ses répugnances, il se décida donc à prendre la parole.

Il commença par des précautions oratoires ; il affirma qu'il était aussi reconnaissant que qui que ce fût des bonnes intentions du Roi, mais que le Roi avait pu être trompé par un faux donné-à-entendre, et que certainement Sa Majesté aurait pour agréables des remontrances fondées sur son bon service et le bien

du pays. Et puis, il parla de lui-même : « Je suis, dit-
» il, le plus ancien et le premier habitant de Vitry ;
» mon père, mon aïeul y ont toujours tenu le premier
» rang, et exercé l'office que j'exerce aujourd'hui.
» D'où vient donc que tout s'est fait sans moi, que je
» n'ai entendu parler de rien ? » Il désavoua toutes les
démarches de Névelet et Blanchard, disant qu'il s'opposait de toute sa force à l'exécution de l'édit. Enfin,
faisant appel à l'égoïsme individuel, il termina par cette
déclaration perfide : « Que ceux qui ont demandé et
» demandent encore l'échevinage se cotisent entre
» eux pour en payer les frais ; ni moi ni mes amis
» nous n'entendons participer à ces dépenses extra-
» ordinaires, dont nous ne saurions être tenus puisque
» nous n'avons pas même été consultés. »

A ces mots, il y eut quelque émotion. A. de Combles,
Hiérosme Boyot dirent qu'ils adhéraient à l'opinion du
lieutenant général. Blanchard, Névelet répliquèrent
qu'ils n'avaient agi qu'en vertu d'un bon pouvoir,
et qu'il fallait passer outre nonobstant tous empê-
chements produits ou à produire ; « car il n'est plus
» question pour les promoteurs des réformes de se co-
» tiser entre eux ; et, s'il y en a aucuns qui veulent entrer
» en désaveu, c'est à ceux-là de se cotiser et de tenter
» à leurs risques et périls l'annulation de l'édit. » —
« Quelqu'un se porte-t-il opposant, » demanda J.
Pinon. Il se fit un silence, et pendant quelques instants personne ne répondit. « Y a-t-il quelqu'un que

» se porte opposant, » répéta-t-il encore. Alors Linage, de Combles, Boyot et Le Besgue déclinèrent leurs noms, ce qui fit en tout quatre opposants.

Aussitôt le procureur du Roi se lève ; il résume l'historique de l'affaire ; il conclut que Sa Majesté a été dûment informée, qu'elle a interposé son autorité, qu'elle a plus de connaissance du bien de l'Etat que nul autre, que d'ailleurs elle a prescrit impérativement la création d'un corps de ville ; donc, il ne reste plus aux habitants qu'à obéir, et il requiert le président de passer à l'exécution. Le président fait droit ; il ordonne au greffier Sébastien Laigneau de lire l'édit et l'arrêt de vérification ; il reçoit le serment des habitants ; puis, suivant l'ordre accoutumé, il dit à M. Linage d'exprimer son avis et d'émettre son vote (¹). « Je voterai, » répond le lieutenant général, mais seulement pour » obéir au Roi, et sans que cette nomination puisse » préjudicier en rien à mon opposition. » Le scrutin continue, et on appelle par quartiers les électeurs inscrits sur le rôle de la subvention.

Au cours de cette besogne survient un nouvel incident. Névelet dit : « Faites jurer aux électeurs qu'ils » n'ont pas été pratiqués par le lieutenant général en » faveur de ses candidats, et qu'on ne leur a pas remis

(1) Le vote s'exprimait à haute voix, et était enregistré par le greffier. En cette circonstance, on avait adjoint M. Edmond Crétey à Sébastien Laigneau ; tous deux prenaient note des suffrages et leurs listes se contrôlaient réciproquement.

» des billets tout préparés(1). » — « C'est vous, réplique
» M. Linage, c'est Denis Varnier, ce sont les protestants
» qui ont fait plusieurs pratiques et menaces, qui se
». sont assemblés la nuit, qui ont machiné pour faire
» élire des personnes à leur dévotion. Vous avez prié
» le prévôt Jacques Rollet d'accepter les fonctions de
» premier échevin, en lui promettant que le conseil
» ne prendrait aucune connaissance de la police de la
» ville ; et une information est commencée sur vos
» manœuvres. » — Et vous, vous avez donné à
» déjeuner ce matin à plus de cinquante personnes,
» pour acheter leurs voix. » On en vient de part et
d'autre aux injures, aux invectives ; l'assemblée est
tumultueuse, tout le monde crie. Le président s'efforce
de rétablir l'ordre, il obtient un peu de calme. A cinq
heures du soir, deux quartiers seulement ont voté.
Pour le troisième et le quatrième, le scrutin est ren-
voyé au lendemain matin.

Les opérations ne furent terminées que le 29 décembre, à midi ; douze cents électeurs avaient
pris part au vote. J. Pinon emporta les registres
dans son hôtel, où il fit la récollection des suffrages
avec l'aide de son greffier et d'Edmond Crétey. Ce
dépouillement dura un jour entier. Enfin, le 30
décembre, à trois heures de relevée, les auditeurs
furent convoqués de nouveau dans l'auditoire, et

(1) Il s'agit, non pas de bulletins de vote, mais de listes distribuées aux
électeurs pour éviter les erreurs de mémoire au moment du vote à haute
voix.

le président proclama les résultats ci-dessous (¹) :

Premier échevin, Anthoine de Comblés, 447 voix.

Second échevin, Jacques Rollet, 367 voix.

Troisième échevin, Hugues Dubois(²), 341 voix.

Quatrième échevin, Hiérosme Boyot, 308 voix.

Premier conseiller, Anthoine Pérard, 349 voix.

Deuxième conseiller, Claude Robert(³), 286 voix.

Troisième conseiller, Didier la Fouasse, 280 voix.

Quatrième conseiller, Anthoine Flamain, 277 voix.

Cinquième conseiller, Pierre Bailly(⁴), 269 voix.

Procureur syndic, Gilles Jacobé (⁴).

Greffier, Edmond Crétey, à l'unanimité moins 6 ou 7 voix.

Sergents de ville, Jean Brosne et Claude Gaytat.

Ensuite, de Combles et ses collègues prêtèrent un serment conçu en ces termes :

« Je jure de bien et fidèlement exercer la charge
» d'échevin (ou de conseiller), faire bonne et fidèle
» garde de la ville au Roy, procurer le bien des habitans
» d'icelle de tout mon pouvoir, exercer fidèlement la
» justice pour le regard des cas à moi attribués par
» l'édit de création de l'échevinage, garder les ordon-
» nances et me comporter en tout comme un bon et
» fidèle sujet et serviteur du Roy. »

(1) On voit que l'élection avait lieu à la pluralité des voix, sans double scrutin, ni ballottage.
(2) Payeur des officiers du présidial.
(3) Avocat.
(4) Procureur et élu à Vitry.
(5) Pour ce nom et les suivants, le procès-verbal n'é once pas le nombre des suffrages.

L'établissement de l'échevinage était un fait accompli (1), et J. Pinon repartit pour Reims. -

III.

(Janvier 1604—1605.)

Ici commence une troisième série d'intrigues, de jalousies, de disputes et de colères. En apparence, la situation est claire et nette ; en réalité, elle est plus embrouillée qu'auparavant. Jusqu'alors, il n'y a eu qu'une cause de querelle, l'animosité du lieutenant général ; maintenant il y en a une seconde, la question de savoir qui payera les frais. — Il serait fatigant et monotone d'entrer dans le détail de toutes les assemblées qui vont suivre, de rapporter tous les arguments mis en usage par les parties adverses, d'analyser avec minutie un débat qui dura deux années. Nous nous contenterons de relever les circonstances les plus

(1) Afin d'éviter les longueurs, nous sommes obligé de rejeter en note quelques circonstances plus curieuses qu'importantes. — Au moment où le président finissait de recevoir les serments, demoiselle Nicolle de la Ferté, veuve du prédécesseur de M. Linage, fit signifier par un avocat qu'elle ne payerait rien pour les frais. — Me Thierry de Marolles protesta aussi qu'il désavouait l'élection au nom des habitants. « Et de quels » habitans ? » demanda le président. « De tous ceux qui sont là, » dit-il hardiment ; « car il y en a pas ici un seul qui ait expressément avoué la » poursuite. » Le raisonnement parut si téméraire qu'il n'en fut tenu aucun compte. — Le lendemain 31 décembre M. de Combles, non satisfait d'avoir été nommé premier échevin, vint trouver Pinon en son hôtel, et se plaignit que Denis Varnier eût voulu amplifier ses pouvoirs de lieutenant criminel au préjudice de lui-même lieutenant particulier. Il laissa voir ainsi que la jalousie et la rancune personnelle avaient été le principal ressort de son opposition. — Enfin, le 5 janvier, Pinon reçut une requête du chapitre de la collégiale N. D. : les chanoines invoquaient le concordat de 1588, en vertu duquel deux d'entre eux avaient droit d'assister au conseil de ville et de prendre part aux délibérations. Le commissaire royal les maintint provisoirement en possession de ce droit.

caractéristiques, les traits qui peignent le mieux une époque, ses mœurs, sa physionomie et ses passions[1].

On vient de voir que MM. Névelet et Blanchard, qui, pour obtenir la création de l'échevinage, avaient fait toutes les démarches et toutes les avances de fonds, ne figuraient ni sur la liste des échevins ni sur la liste des conseillers. Pourquoi ? Nos documents ne le disent pas. Il est vraisemblable qu'ils ressentirent quelque dépit d'avoir été laissés à l'écart ; et il est certain qu'immédiatement après l'élection ils s'occupèrent de rentrer en possession des sommes qui leur étaient dues. Dès le 20 janvier, ils s'adressèrent à J. Pinon pour obtenir la taxe de leurs frais ; le total s'élevait à plus de 2,600 livres [2], ce qui, après déduction des simples déboursés, faisait pour chacun près de 60 sols par jour. Les échevins se récrièrent sur cette prétention excessive ; jamais auparavant la ville n'avait donné à ses députés plus de 12 sols ; M. Rollet, actuellement à Paris pour les affaires de la communauté, ne touchait pas davantage. Pourtant, dans un esprit de conciliation, on consentit à soumettre l'affaire à une assemblée générale. Cette assemblée eut lieu le 26 avril [3] ; mais elle fut tumultueuse, et n'aboutit point à une solution définitive, « à cause de la confu» sion qui survint en traitant de ceste affaire et oppo-

(1) Pour la suite de cette étude, nous consultons les premiers feuillets du registre des délibérations, côté BB. 1.

(2) Exactement : 2,679 livres, BB. 1, f° 31.

(3) BB. 1, f° 4.

» sition d'aulcuns particuliers (1). » Il paraît cependant qu'il ne s'était trouvé que trois personnes pour per-
sister formellement dans l'opposition ; mais beaucoup
d'électeurs ne s'étaient pas présentés, plusieurs étaient
sortis au milieu du débat, les autres s'étaient agités,
avaient fait du bruit (2). On considéra qu'une décision
prise dans de pareilles circonstances ne serait pas vala-
ble, et on ajourna simplement la suite de la discussion.

M. Linage avait été battu dans la grande journée
du 28 décembre. Mais ce n'était point alors le caractère des officiers de justice, de se résigner facilement
à un échec. Si le lieutenant général avait échoué
contre la volonté populaire, il ne désespérait pas de
prendre sa revanche au moyen des utiles relations
qu'il avait en haut lieu. Dès le mois de janvier,
il s'adressa à M. de Dinteville, qui s'était toujours
montré bienveillant pour lui, et qui peut-être n'avait
pas vu sans un déplaisir secret l'abolition du conseil
particulier. Il lui représenta que l'édit et le règlement annexé portaient atteinte aux prérogatives les
plus importantes du bailliage, il expliqua de la façon
la plus défavorable les motifs des réformateurs, il mit
en avant le service du Roi et l'autorité de sa justice ;
si bien que M. de Dinteville consentit à intervenir au
Conseil d'Etat et obtint un arrêt (16 mars 1604) qui,
en conservant à l'administration municipale le nom

(1) BB. 1, , V°
(2) Id., f° 3, V°

d'échevinage, lui ôtait l'indépendance récemment acquise et la remettait sous la toute-puissance du lieutenant général. En somme, M. Linage se souciait bien moins du nom que de la chose ; ce qu'il voulait, c'était d'être maître des délibérations. Or l'arrêt nouveau déclarait que le Roi « n'avait point entendu in-
» nover au préjudice dud. bailly ou de son lieutenant,
» et qu'il restituait à qui de droit la présidence du
» corps de ville, tout ainsy qu'il estoit accoustumé au-
» paravant led. édit, sans que lesd. eschevins ou aul-
» tres y puissent mectre aulcun empeschement. » Donc, en fait, l'édit et le règlement d'octobre 1603 se trouvaient presque révoqués ; et, si les échevins faisaient mine de défendre leurs prérogatives, M. Linage pourrait du moins opposer arrêts contre arrêts, parchemins contre parchemins ; c'était une belle matière à procès in'erminables, et peut-être les bourgeois, effrayés de cette perspective, abandonneraient-ils plus facilement leur conquête.

Les bourgeois n'abandonnèrent rien ; ils résistèrent avec la plus louable persévérance ; ils recommencèrent courageusement la grande lutte pour la sauvegarde de leurs libertés municipales.

Dès que M. Linage eut son titre en main, il réunit l'assemblée générale pour le 3 mai, à 7 heures du matin. La lecture et l'enregistrement de l'arrêt provoquèrent tout d'abord les réclamations du syndic, du procureur du Roi, de plusieurs échevins et conseillers :

« la pièce n'était pas en forme ; elle n'était pas vérifiée par la Cour ; elle n'était pas scellée ; d'ailleurs elle ne pouvait être publiée sur l'ordonnance du magistrat auquel elle profitait, etc. » L'avocat du Roi répondit avec faiblesse.

M. de Combles proposa un moyen terme : donner dès maintenant lecture de l'arrêt sans l'enregistrer, puis le communiquer au corps de ville qui l'examinerait à loisir. M. Linage adopta ce dernier parti, et la lecture s'acheva sans autre difficulté ([1]). Mais la tempête éclata lorsque le compte de MM. Blanchard et Névelet fut mis en discussion ; car ici, aux haines politiques et religieuses s'ajoutaient l'âpre intérêt pécuniaire et la sordide volonté de ne rien payer. A peine le procureur-syndic avait-il dit deux mots de la question, que l'avocat du Roi l'interrompit hardiment : « Cela ne nous regarde point, cria-t-il ; c'est aux poursuivants à démêler entre eux cette affaire. » — « Mais, répliqua le syndic, le peuple est réuni pour cela. A-t-on jamais vu que les habitants aient été interrogés en particulier, quand il s'est agi de solder quelques frais de ville ? » Après beaucoup de tapage, le syndic requiert acte, « que le peuple, ouy sur sa remonstrance, a
» consenty d'une mesme voix que lettres d'assiette
» soient obtenues. » M. Linage refuse de donner acte,

(1) BB. 1, f° 2. D'une part la promesse d'une communication officielle impliquait la reconnaissance du droit d'examen ; d'autre part la lecture publique était un commencement d'exécution. Voilà pourquoi les deux partis finirent par s'accorder sur ce point.

attendu que, « pour la confusion qui est en lad. assem-
» blée, il est impossible de voir s'il y a consentement
» ou dissentiment. » Le syndic interpelle Pierre Gillet
et Pierre Laqueux, notaires royaux ; il les somme de
certifier authentiquement que l'assemblée est paisible,
et que l'unanimité des habitants s'est prononcée pour
l'obtention des lettres d'assiette ; il s'adresse dans le
même but au procureur du Roi, qui ne se fait point
prier pour reconnaitre qu'il n'y a « aucune confusion »
et que l'assemblée est d'accord sur la nécessité de
payer. Bref, M. Linage, vaincu par ces attestations
officielles, consent de mauvaise grâce à reconnaitre en
termes amphibologiques « que plusieurs particuliers,
» en fort petit nombre néantmoins à l'esgard de la
» multitude du peuple de Victry, ont déclaré qu'ils
» consentoient à payer le roole de la taxe et qu'ils ne
» voulloient point de procez (¹). » Et puis, malgré les
récriminations du syndic, il fait observer que l'heure
de la messe est arrivée ; il lève brusquement la séance
et il se rend à l'office divin (²).

Le corps de ville, plus étonné qu'effrayé de l'attitude
de M. Linage, tint séance le surlendemain, 5 mai.
Après une courte délibération, on résolut à l'unanimité de ne tenir nul compte de l'arrêt du 16 mars, et
de députer en Cour Jacques Rollet pour obtenir les

(1) BB. 1. f° 3, v°.

(2) BB. f° 4. — M. Claude de Lalain, receveur du domaine, s'était
joint ce jour-là au petit groupe de ceux qui refusaient de payer.

lettres d'assiette. Rollet annonça qu'il ne demanderait aucun salaire pour ce service ([1]).

Ce fut le tour de M. Linage d'être étonné de tant d'audace. Le 8 mai, accompagné de l'avocat du Roi, il se présenta en personne dans la chambre du corps de ville et menaça les échevins « de faire dénonciation alencontre d'eux, » sous prétexte de désobéissance aux ordres de Sa Majesté. Les échevins demandèrent un quart d'heure pour se consulter, et ils exigèrent que les deux officiers du bailliage quittassent la chambre pendant cette délibération. Furieux, M. Linage protesta « que tout ce qui se traiteroit en son absence seroit » nul.» Néanmoins il sortit. — Dès que les membres du corps de ville furent seuls, ils se contentèrent de déclarer que, « puis qu'ils estoient esleuz par la com- » munaulté dud. Victry pour exercer leurs charges, il » estoit besoing d'avoir sur ce ses advis, » et qu'en conséquence on convoquerait l'assemblée générale pour le jour suivant à six heures du matin. — Quand le lieutenant général et l'avocat du Roi rentrèrent dans la chambre, ils avaient réfléchi qu'ils obtiendraient plus par les retards et les intrigues que par les paroles violentes ; ils consentirent donc, mais avec toutes sortes de restrictions et de réserves ([2]), à la réunion de l'assemblée ; puis, comme le conseil offrait de leur

____

(1) BB. 1, f° 4, V°.

(2) BB. f° 6. — A savoir : que l'initiative prise par le conseil de ville était irrégulière, que l'assemblée ne pourrait discuter l'enregistrement de l'arrêt du 16 mars, et que le seul sujet mis en délibération serait la question des lettres d'assiette.

donner acte de ce consentement, ils répondirent fière-
ment qu'ils n'avaient rien demandé de tel et qu'ils ne
reconnaissaient pas d'autre autorité que celle du bailliage.

Le 9 mai, dès l'ouverture de la séance, le syndic re-
montre à M. Linage qu'il doit « se depporter de la
» précéance en lad. assemblée et s'en retirer, à ce
» que les voix du peuple soient libres. » Cette prétention était exorbitante, contraire à l'usage et aux
termes mêmes de l'édit. Néanmoins M. Linage repond
bien doucement qu'il ne fait pas d'opposition systéma-
tique ; qu'il n'entravera en rien la liberté des habitants ;
qu'il est même prêt à se soumettre, si le Roi, consulté une seconde fois, maintient sa décision première ;
qu'en résumé sa présidence n'a aucun inconvénient.
Le syndic réplique que, s'il veut présider, il doit se
déporter purement et simplement de son opposition ;
d'ailleurs les habitants assemblés ont à juger la conduite du lieutenant général et le trouble qu'il apporte
aux affaires ; dans ces conditions, il faut que le lieutenant général cède la place (^{1}). — En dépit de ces aigres
paroles, M. Linage se contraint encore ; il continue à
discourir vaguement sur sa fidélité, son impartialité ;
mais il a le malheur de conclure en disant « qu'il
enjoint au procureur du Roi de requérir tout ce qui
sera nécessaire pour le service de Sa Majesté. » —
« Le lieutenant général, s'écrie Domballe, n'a rien à

(1) BB. 1, f° 7.

m'enjoindre ; il peut seulement me *sommer* de garder et faire garder les édits ; et je suis tout prêt à requérir tout ce qu'il faudra pour assurer l'exécution de celui qui a établi l'échevinage (¹).» Sur ce, vive discussion ; on ressasse tous les vieux griefs ; Linage affirme que l'assemblée se tiendra par-devant lui, ou qu'elle sera dissoute (²). Clameurs de la foule. Le syndic dit que Linage est juge récusé. Linage le menace « qu'es- « tant hors d'ici il l'apprendra à parler, pour ce qu'il « en a trop dit.» De Lalain, quoique partisan du lieutenant général, dit qu'il faut entendre les habitants. Boyot se désiste de son appel. L'avocat du Roi propose de suspendre l'assemblée pour aller à la messe; mais le procédé est usé, et personne ne sort. Le vacarme croit d'instant en instant. Linage, exaspéré de colère, prend enfin le parti de quitter la présidence (³).

Dès que Denis Varnier (⁴) lui a succédé au fauteuil, la situation s'éclaircit pour un moment ; les assistants approuvent par acclamation toutes les remontrances du syndic et se portent témoins des menaces à lui faites par le lieutenant général. Mais M. Linage est encore dans l'auditoire ; il crie que Denis Varnier est l'auteur et le fauteur de tous les désordres, que lui aussi

(1) BB. 1, fᵒ 7, vᵒ.
(2) BB. 1, fᵒ 8.
(3) BB. 1, fᵒ 9.
(4) Denis Varnier avait fait des tentatives pour arriver au paiement amiable de la somme due à Névelet et Blanchard ; il avait même proposé que les partisans les plus zélés de l'échevinage se cotisassent entre eux et fournissent de leurs deniers l'argent nécessaire (BB. 1, fᵒ 6); mais il n'avait pu réussir. Nous avons déjà dit qu'il était très populaire.

doit se déporter de la présidence, etc. Pendant ce temps, l'avocat du Roi s'approche du greffier **Crétey** et lui défend de consigner les paroles du syndic ; mais Crétey continue d'écrire ; alors l'avocat saisit le registre, et dans la lutte plusieurs feuillets sont lacérés ([1]). La séance est suspendue. Chacun court en ville pour amener ceux de son parti qui sont demeurés à la maison.

A la reprise des débats, M. Linage occupe de nouveau les fonctions de président, et il utilise avec adresse le scandale qui vient d'avoir lieu : il fait observer que lui-même s'est abstenu d'injures et de violences à l'égard du syndic. Ensuite M. Marguin a la parole. C'est le type du petit bourgeois indécis, c'est un timide qui voudrait bien être ami de tout le monde. Il a pris part à la nomination des échevins ; mais, plus tard, on lui a persuadé que l'échevinage était une institution détestable ; cependant, il n'a pas osé se mettre au nombre des opposants ; et, s'il énonce aujourd'hui son opinion, c'est parce qu'on l'a fait entrer de force dans la salle. Qu'on juge de son embarras et de ses contradictions ! « Les moyens employés par Varnier, Blanchard et Névelet ont été illicites, mais il ne s'oppose point au fait accompli. Le lieutenant général a sans doute raison, mais lui Marguin ne refuse pas de

(1) Les feuillets 10 et 11 du registre BB. 1, ont été en effet déchirés et recollés. — L'avocat du Roi tâcha de se disculper de cette violence, en prétendant que c'était le syndic qui empêchait de consigner les avis contraires aux siens, et que M. Marguin, bourgeois, s'était vu repoussé loin du bureau.

participer aux frais. Il faut se soumettre à la volonté du Roi ; mais le syndic a tort d'entrer en conflit avec M. Linage. » Ces pauvretés fatiguent bien vite les assistants, et le président lève la séance sans contestation[1].

Cependant, Rollet était à Paris, où il se donnait beaucoup de mouvement. Au nom de la communauté, il avait interjeté appel de l'arrêt du conseil d'Etat du 16 mars ; son appel avait été accueilli par la Cour et le 28 mai, il faisait parvenir au syndic des lettres de relief contre M. Linage. Cette première et importante victoire donna du cœur aux échevins pour soutenir la lutte ; ils estimèrent que le triomphe leur était assuré, et, sans attendre davantage, ils abordèrent résolument une question nouvelle : le lieutenant général, nonobstant sa noblesse d'office, serait-il personnellement astreint à payer sa part de la taxe [2] ?

Cette fois M. Linage, outré, partit à son tour pour Paris. Le bruit se répandit aussitôt qu'il y allait dans les plus mauvaises intentions, et qu'il se proposait de demander au Roi l'envoi d'un grand nombre de gens de guerre [3]. Si l'on songe qu'à cette époque la garnison était logée chez l'habitant, qu'elle y vivait à discrétion, qu'elle y commettait toutes sortes d'exactions et d'atrocités [4], on pourra se rendre compte de l'o-

[1] BB. 1, f° 11.
[2] BB. 1, f° 11 v°.
[3] BB. 1, f° 12 v°.
[4] Les registres des délibérations et les archives criminelles sont pleines de détails sur les déportements des soldats.

dieux d'une pareille vengeance et de la colère du peuple en apprenant ce projet de dragonnade. L'irritation fut telle que M. de Frignicourt, gouverneur de Vitry pour le Roi, vint déclarer au corps de ville que la tranquillité était en danger et qu'il y avait lieu de craindre une sédition (1). Mais les échevins répondirent sans s'émouvoir : que, si les bruits étaient vrais, on tâcherait de détourner le mal, et que, s'ils étaient faux, on en punirait les auteurs comme semeurs de querelles et de discordes (2). Le fait est que M. Linage revint sans soldats, avec le fâcheux pressentiment d'une complète déroute.

Toutefois, il ne sut point tomber de bonne grâce et s'acharna aux chicanes mesquines, aux agaçantes taquineries. Ce serait peine perdue de raconter tout cela; il suffira d'en donner le très court sommaire.

Le 12 juillet, le lieutenant général refusa de payer l'impôt de la taille (3). — Les échevins se déclarèrent incompétents, renvoyèrent l'affaire à Nos seigneurs de la Cour des Comptes, mais profitèrent de l'occasion pour décider (7 août 1604) que tous les habitants sans exception seraient cotés pour les frais d'échevinage (4). — Le 28 août, la Cour des Comptes rendit un arrêt

(1) BB. 1, f° 16 v°
(2) BB. 1,
(3) On sait que les personnes de noble extraction étaient exemples de cet impôt. Mais M. Linage, quoique souvent qualifié *noble homme,* ne paraît point avoir joui de la noblesse héréditaire.
(4) La cour était fatiguée des prétentions sans cesse croissantes des faux nobles, qui cherchaient à s'exempter des impôts au détriment du trésor public.

provisionnel en faveur des échevins (1). — Linage riposta par la demande d'une garnison, et, le 7 janvier 1605, M. de Nevers écrivit pour annoncer l'arrivée de la compagnie du marquis de Verneuil. — Les Echevins s'empressèrent alors de conclure: 1° qu'on supplierait le duc de décharger la ville de cette obligation ; 2° que, si les troupes se présentaient, elles seraient logées, non chez les particuliers, mais dans les hôtelleries (2). — M. Linage, déjoué en partie, eut recours à un autre moyen. Il pria le marquis de la Vieuville, qui passait à Vitry pour se rendre en Lorraine, de s'interposer entre les échevins et lui. — Les échevins, avertis officiellement par M. de Comble que ce grand seigneur consentirait à arranger l'affaire, répondirent seulement « qu'on prieroit Monseigneur de la Vieuville
» de vouloir bien assister les habitans de sa faveur
» envers Nosseigneurs de la Cour, ad ce qu'il leur
» pleust de leur conserver le bon droit contre led.
» sieur leur président et lieutenant général » (3).

C'en était trop ; le lieutenant général dut s'avouer vaincu. Le 5 février 1605, comme le conseiller Lafouasse se rendait à la séance du corps de ville, il rencontra dans le prétoire M. Linage qui lui remit un désistement en forme, écrit et signé de sa main. Le corps de ville, toujours défiant, demanda en outre une

(1) BB. 1, folio 21. Les troupes arrivèrent en effet quelques jours plus tard.
(2) BB. 1, f°s 14, 16, 23.
(3) BB. 1, f° 11.

procuration conforme , pour être expédiée à M⁰ J. Rollet, et pour servir à la conclusion définitive de la procédure (1).

Cette exigence , peut-être injurieuse mais certainement prudente, faillit brouiller de nouveau les affaires. Après des pourparlers inutiles (2), les scandales et les invectives reparurent à l'assemblée générale du 28 février 1605. Le syndic accusa M. Linage de chercher les faux-fuyants, de ne donner que des paroles évasives et ambiguës ; il ajouta que les habitants se proposaient de le prendre directement à partie et d'en appeler comme d'abus. Sur le refus du lieutenant général de faire la moindre réponse, l'appel comme d'abus fut immédiatement signifié (3).

Alors les procédures recommencent. — Le 3 mars, la Cour donne défaut contre le lieutenant général défendeur. — Les échevins tentent inutilement la conciliation. Puis ils décident qu'on donnera suite au jugement par défaut (4). — Les soldats de M. de Verneuil se livrent à de telles vexations que M. de la Garde part en poste pour Paris, afin d'avertir verbalement Rollet de cette situation intolérable. — Les excès continuent, et on rédige plusieurs mémoires (7 avril 1605), qu'un second député porte à M. de Nevers (5).

(1) BB. 1, f⁰ 23.
(2) BB. 1, f⁰ 24. Boyol et Robert, puis Robert et Lafouasse avaient été successivement délégués auprès de M. Linage.
(3) BB. 1, folio 24 verso.
(4) BB. 1, folio 25 recto et verso.
(5) BB. 1, folios 27 et 28.

— Enfin, le 2 mai, Anthoine Linage cède : il remet au conseil la procuration longtemps refusée, et les éche- vins, trop heureux d'en être quittes, promettent de ne pas faire de poursuites ultérieures (1).

Il ne restait plus que la question subsidiaire des frais à payer. Le 16 décembre 1604, Névelet et Blan- chard avaient fait sommation au Conseil de liquider leur créance, et le conseil avait essayé sans succès d'obtenir un compromis (2). Le 31 juillet 1605, l'af- faire revint de nouveau devant l'assemblée générale ; mais la discussion, vive et pleine de personnalités (3), ne put aboutir (4). Enfin, l'administration se résigna à accorder les lettres d'assiette (5). Dans une autre as- semblée tenue le 11 décembre 1605, il y eut encore des débats sur le total de la somme réclamée ; cepen- dant on se trouva d'accord pour verser 1650 livres, en attendant un règlement définitif (6).

Le 17 décembre 1605, les collecteurs reçurent ordre d'imposer tous les habitants sans exception (7). Cette fois, M. Linage ne fit aucune objection, et contribua

(1) BB. 1, folio 19, verso.

(2) BB. 1, folio 20, verso.

(3) BB. 1, folio 31.

(4) Les procédures continuèrent. Le 4 août, l'échevinage résolut de demander des lettres de jussion (folio 32, verso.) Le 15 août, Blanchard et Névelet firent signifier au syndic un arrêt qui le condamnait à payer immédiatement (folio 33 verso). Le 5 novembre le conseil résolut de s'adresser à l'élection de Vitry (folio 36).

(5) BB. 1, folio 46.

(6) BB. 1, folio 43.

(7) Ibid. folio 43 verso.

pour sa part ; il avait alors en tête un autre souci,
plus grave : la ville de Châlons, toujours jalouse de la
prospérité de Vitry, ne demandait rien moins que la
suppression du présidial (1).

(1) Nous n'avons pas trouvé dans le registre l'indication de la somme
définitivement payée Mais cette circonstance a en elle-même peu d'intérêt.

PIÈCES JUSTIFICATIVES [1]

I

EXTRAICT DES REGISTRES DU CONSEIL D'ESTAT

Sur la requeste présentée par les habitans de la ville de Victry-le-Francois, tendant pour diverses causes et considérations y contenues à ce qu'il pleust au Roy ordonner que par les voix et suffrages de ses habitans assemblez au son de cloche en la manière accoustumée il sera doresnavant proceddé à la nomination et ellection d'un maire, eschevins, conseillers de ville et autres officiers en tel nombre qu'il plaira à Sa Majesté, auxquels privativement à tous autres appartiendra la direction et manyement des affaires et deniers de ladicte communaulté, aux mesmes honneurs, privilèges, pouvoir que les maire, eschevins, conseillers de la ville de Troyes, voysine dudict Victry, ou telz autres qu'il plaira à Sa Majesté ; *Veu* l'advis du sieur duc de Nevers, gouverneur et lieutenant général pour le Roy en Champaigne et Brie, donné suyvant le renvoy à luy faict de ladicte requeste, avec le procès-verbal du sieur de d'Inteville, lieutenant général audict gouvernement, sur la commodité ou incommodité du con-

(1) Ces pièces sont toutes aux archives municipales de Vitry, dans les registres ou liasses cotées AA, 1 ; AA, 4 ; BB, 1.

.tenu en icelle requeste ; *Le Roy en son Conseil* a accordé et accorde ausdicts habitans de Victry de pouvoir eslire quatre eschevins et autres officiers de ville conformément au reiglement qui en sera faict au Conseil ; à l'effect duquel le sieur Durant, conseiller audict Conseil et maistre des requestes ordinaire de son hostel, est commis par Sa Majesté.

Faict au Conseil d'Estat du Roy, tenu à Paris le vingt neufiesme jour de juillet mil six cens trois.

Collationné. Signé : Tuillier.

II

REIGLEMENT

Qui sera observé par les eschevins, conseillers de ville, bourgeois et habitans de la ville de Vitry-le-François, tant en l'ellection desdicts eschevins, conseillers de ville et autres officiers, que en la direction, conduicte et maniement des affaires communes, deniers patrimoniaulx et d'octroy de ladicte ville.

Suyvant l'arrest du vingt-neufiesme juillet dernier, il y aura quatre eschevins en ladicte ville de Vitry, avec cinq conseillers, ung procureur scindic, ung greffier et deux sergens de ville, qui tous seront choisiz et esleuz en l'assemblée généralle des habitans de ladicte ville, au jour et en la manière accoustumée ; en laquelle assemblée généralle présidera le lieutenant général en ladicte ville, et, en son absence, l'un des autres lieutenans criminel ou particullier, selon leur rang ; où pareillement assisteront les gens du Roy.

Lesquels eschevins presteront le serment pardevant ledict lieutenant général, ou en son absence pardevant l'ung desdicts lieutenans comme l'on a accoustumé ; et pour le regard desdicts conseillers de ville, procureur scindic, greffier et sergens, feront le serment ès mains desdicts eschevins. Desdicts quatre eschevins, les deux sortiront de charge deux ans après leur ellection, y demeurans les deux autres comme anciens pour instruire des affaires les deux nouveaux.

Et quant auxdicts conseillers de ville, les trois après avoir servy quatre ans sortiront de charge, et au lieu d'iceulx en seront esleuz trois.

Et pour le regard desdicts procureur scindic, greffier et sergens, ils seront à vye, et, en cas de décès, sera proceddé par ellection en l'assemblée généralle.

Au conseil de ladicte ville n'assisteront que lesdicts quatre eschevins et cinq conseillers, sinon que par advis d'icelluy autres habitans et bourgeois y fussent quelquefois appellez pour y assister.

Celluy des eschevins qui sera premier esleu en ladicte charge par ladicte assemblée généralle présidera au conseil de ville, et en son absence le second, et ainsi consécutivement.

Auxdists eschevins et conseillers appartiendra la congnoissance et administration des affaires et deniers tant communs que d'octroy de ladicte communaulté et ville de Vitry, mesmes des réparations des portes et murailles, pavé, chaussées, pontz et passages entretenus des deniers communs de ladicte ville, ensemble la jurisdiction desdicts cas à eulx attribuez, resortissant l'appel d'iceulx pardevant le bailly dudict Vitry ou son lieutenant.

Les comptes des deniers patrimoniaulx se rendront pardevant le bailly ou l'ung de ses lieutenans, en la présence desdicts eschevins et conseillers.

Les comptes des deniers d'octroy et levées particullières, si aucunes sont accordées par Sa Majesté pour subvenir aux affaires communes de ladicte ville, se rendront en la Chambre des Comptes.

Et pour le regard de la garde de ladicte ville et clefs des portes, sera laissée ès mains du gouverneur estably par Sa Majesté, et en son absence ausdicts eschevins, qui la garderont chacun par sepmaine à son tour.

Où Sa Majesté envoyera des compagnies de cheval ou de pied pour tenir garnison en ladicte ville et y loger, les deppartemens des logis seront faicts par les eschevins.

L'exécution du présent reiglement commise au premier maistre des requestes conseiller en cour souveraine trouvé sur les lieux, bailly de Vermandois, Troyes, Chaumont, leurs lieutenans généraulx ou particulliers, premier sur ce requis. Lettres d'assiette seront accordées aux habitans pour lever sur eulx les fraicts qui auront esté faicts pour la poursuitte et establissement dudict eschevinage, selon la taxe desdicts fraicts qui sera faicte par le commissaire depputé pour l'exécution du présent reiglement, en rapportant le consentement général desdicts habitans.

Faict au Conseil d'Estat du Roy, tenu à Paris le neufiesme jour d'octobre mil six cens trois.

Collationné. Signé : MÉLIAND.

III

LETTRES PATENTES.

Henry, par la grâce de Dieu Roy de France et de Navarre, à tous présens et à venir, Salut. Le Roy François premier du nom, de très-heureuse mémoire, ayant recongneu que la frontière de Champagne estoit fort ouverte, sans couverture de grande rivière et autres deffences naturelles, et qu'aux premiers mouvemens de guerre la province estoit aux courses et ravages des ennemys, par lesquels l'ancienne ville de Victry avoit esté bruslée, il fist construire en lieu commode une nouvelle ville, laquelle il honora de son nom et fist appeler Victry-le-François, y transférant tous les sièges et jurisdictions royalles qui estoient en ladicte ancienne ville ; mais d'aultant que le pays estoit dépeuplé, ruiné, et entièrement dégarny par les guerres, et qu'icelle ne pouvoit, sinon par succession de temps, s'accroistre, depourveue qu'elle estoit de peuple et non encore bastie, il n'estoit lors besoin d'y establir des eschevins

et magistracts populaires, ce qui avoit donné occasion
de n'y en ordonner lors; mais parceque depuis, s'estant
icelle ville accreue d'habitans et bastimens, moyennant
des bienfaites, accroissement et ornement qu'y ont
apporté noz prédécesseurs Roys Henry deuxième,
Charles neufiesme et Henry troisième, que Dieu absolve,
d'un siège présidial, mareschaussée, eslection et gre-
nier à sel; maintenant qu'il y a un nombre notable de
peuple de diverses charges, qualitez et conditions, il
s'y offre des affaires communes qui requièrent estre
régis et administrez par personnes capables et qui y
soient particullièrement appellez pour en avoir le soin
et la solicitude; et mérite bien à présent la communaulté de tant de notables habitans qui y sont résidens
d'avoir lesdicts magistrats entre eulx, qui, oultre le
soing du public, ne proffiteront et serviront moings à
la seureté et conservation de ladicte ville et à la direction des affaires qui s'y présentent, pour l'importance
desquelles, frontière comme est ladicte ville, et pour
ce qui est deu à la mémoire du fondateur d'icelle, et
autres considérations à ce nous mouvans, voulans apporter à l'ornement et décoration particullière de nostre
dicte ville de Victry quelque tesmoignagne de la bienveillance que nous portons au bien d'icelle et des habitans
qui y sont habituez; ayans sur cest affaire eu l'advis de
nostre très cher nepveu le duc de Nivernois et de
Rethelois, gouverneur et nostre lieutenant général au
gouvernement de nostre province de Champagne et

Brie, et de nostre amé et féal conseiller en nostre conseil d'Estat le sieur d'Inteville, nostre lieutenant général au gouvernement desdictes provinces, et de plusieurs autres notables personnages de nostre conseil ; *nous avons* par cestuy nostre eedict perpétuel et irrévocable, créé, ordonné, faict, institué et estably, et de nostre certaine science, plaine puissance et authorité royale, créons, ordonnons, faisons, instituons et establissons en nostre ville de Victry le Francois quatre eschevins et cinq conseillers, avec un procureur scindic, un greffier et deux sergens de ville, qui tous seront choisiz et esleuz en l'assemblée générale, qui se fera d'an en an au jour accoustumé, de tous les habitans, à la pluralité et liberté des voix et suffrages d'iceulx; en laquelle assemblée générale présidera le lieutenant général au bailliage dudict Victry, et en son absence l'un des autres lieutenans .... (1)

Et où nous envoyrons et ordonnerons cy-après quelques compagnies de gens de guerre, de cheval ou de pied, quelz qu'ils soient, en ladicte ville pour y tenir garnison ou autrement servir, passer ou sesjourner, le gouverneur ou commandant pour nous en ladicte ville les départira avec l'advis desdicts eschevins par les quartiers d'icelle, ainsi que le bien de nostre service le requierra, et, ce département faict, seront les logis baillez auxdicts gens de guerre par bulletins chacun en leur

<hr>

(1) Suit la reproduction textuelle du règlement précédent, jusqu'à l'article ci-dessous qui concerne les gens de guerre.

département par lesdicts eschevins avec les mareschaux des logis ou fourriers d'icelles compagnies qui auront congnoissance de la commodité ou incommodité desdicts logis; et seront lesdicts bulletins signez desdicts eschevins ou de l'un d'eulx, ensemble des mareschaux ou fourriers, affin que le changement ne s'en face de part ou d'autre qu'avec deue congnoissance de cause ; desquels logis nous voulons estre exemptez entre autres ceux qui ont accoustumé de jouir d'exemption ès villes frontières et lieux où il y a garnison pour nostre service, les lieutenans général, civil et criminel, président et nostre advocat procureur au baillaige et siège présidial dudict Victry, lesdicts quatre eschevins durant l'année de leur magistrature, nos receveurs pour l'importance de nos deniers, le tout excepté en cas d'urgente nécessité et de péril, ainsi qu'il en sera jugé par la prudence dudict gouverneur et commandant pour nous en ladicte ville pour le bien d'icelle et desdicts habitans, ainsi qu'il appartiendra. Si *donnons en mandement* à nos amez et feaulx conseillers, les gens tenans nostre court de parlement à Paris ou la Chambre des vacations que nous y avons establye, baillif dudict Victry ou son lieutenant et tous autres nos officiers qu'il appartiendra, que chacun d'eulx en droict soy ces présentes ils facent lire, publier et registrer, et du contenu facent aussy, souffrent et laissent jouir et user plainement et paisiblement ores et pour tousjours les manans et habitans de nostre dicte ville de Victry-le-François, cessant et faisant cesser tous troubles, empeschement et oppositions à ce contraires ; pour lesquelles et sans y préjudicier nous ne voulons la présente institution et création et ce qui est de l'effect d'icelle estre suspendu, différé, ne aulcunement retardé; car tel est nostre plaisir, sauf en autres choses notre droict et l'aultruy en toutes; et affin que ce soit chose ferme et estable à toujours, nous avons faict mettre nostre scel à cesdictes présentes.

Donné à Fontainebleau au mois d'octobre, l'an de grâce mil six cens trois, et de nostre regne le quinzième. Signé : HENRY. Et au-dessus : par le Roy : Signé POTIER.

Ce jourdhuy cinquiesme juillet VIᶜ dix, les lettres pattantes du Roy en forme d'eedict, arrest du Conseil d'Estat et reiglement y mentionnnez et attachez aus-dictes lettres, ont esté registrés ès registres des insi-nuations du greffe du baillaige de Victry-le-Francois, ce requérant le procureur du Roy audict baillaige, les habitans et communaulté dudict Victry comparans par maistre Gille Jacobé leur procureur scindic, dont leur a esté octroyé acte par notre greffier ordinaire dudict baillaige soubzsigné, jour et an que dessus.

Signé : DE PINTEVILLE.

Registrés, oy le procureur général du Roy, pour jouir par les impétrans du contenu en icelles, suivant l'arrest de ce jour, à Paris en Parlement, le quinzième novembre mil six cens trois. Signé: DU TILLET. Scélées de cire verte.

IV

ORDONNANCE DU 15 NOVEMBRE 1663.

Henry, par la grâce de Dieu Roy de France et de Navarre, au premier de noz amez et feaux conseillers en nostre cour de Parlement trouvé sur les lieux, bailly de Troyes ou Langres ou leurs lieutenans, et à chacun d'eulx, Salut. *Comme*, le jour et datte des présentes, veu par nostre dicte cour les lettres patentes données à Fontainebleau, signées Henry, et sur le reply : par le Roy, Potier, et scellées de cire verte, par lesquelles, pour toutes causes y contenues, nous avons créé, ordonné et institué en la ville de [Vitry]-le-Francois un corps de ville composé de quatre eschevins, cinq conseillers, avec ung procureur scindic, un greffier et deux sergens, qui seront esleuz et choisiz en l'assemblée généralle de tous les habitans, les quels eschevins presteront le serment pardevant le lieutenant général ou autre lieutenant, les autres ès mains desdicts eschevins, pour tenir le conseil et pourveoir aux affaires de ladicte ville, ainsi que au long contiennent lesdictes lettres ; requeste présentée à ladicte cour par les habitans dudict Vitry afin d'enthérinement desdictes lettres ; conclusions de nostre procureur général ; le tout considéré, *nostre dicte Cour* a ordonné et ordonne que lesdictes Lettres seront registrées, oy nostre procureur général, pour jouir par les impétrans du contenu en icelles ; et pour l'eslection de ceulx qui commenceront les charges,

ordonne que l'assemblée sera faicte dans le premier
janvier pardevant vous bailly de Troyes ou Langres ou
vos lieutenans, et les esleuz receuz et instituez pour
l'exercice desd. charges jusques à nouvelle eslection,
qui à l'advenir sera faicte pardevant le juge de Victry,
le dimanche avant la Sainct-Martin d'hiver, pour
exercer les charges conformément auxdictes lettres,
et prester le serment suivant icelle. *Si vous mandons*, à la requeste des habitans dudict Victry, mettre
le présent arrest à exécution selon sa forme et
teneur ; de ce faire vous donnons pouvoir, et au premier nostre huissier ou sergent mandons faire tous
exploicts nécessaires.

Donné à Paris en nostre Parlement, le quinziesme
jour de novembre, l'an de grâce mil six cens trois, et
de nostre regne le quinziesme.

Par la Chambre. Signé : VOISIN,
et scellé.
Collationné à l'original par moy,
conseiller secrétaire du Roy,
PETIT (avec paraphe).

V

EXTRAICT DES REGISTRES DU CONSEIL D'ESTAT

Sur ce qui a esté proposé au Roy en son Conseil par
le sieur de Dinteville, lieutenant général de Sa Majesté
au gouvernement de Champagne et Brie, que, par
l'eedict faict au mois d'octobre de l'année dernière pour

la création des eschevins, conseillers et officiers de ville de Victry-le-François, il est dict qu'au conseil de ladicte ville n'assisteront que le nombre des personnes spécifiées audict eedict, que celluy des eschevins qui seroit premier esleu y présideroit, chose qui de tout temps et ancienneté est de la charge et auctorité du bailly dudict Victry ou son lieutenant, qui a accoustumé de présider audict conseil, à quoy il importe grandement au bien du service de Sa Majesté et auctorité de sa justice de le maintenir; le Roy en son conseil a déclaré et déclare que, faisant ledict eedict, il n'a entendu innover aulcune chose au préjudice de la charge et auctorité dudict bailly ou son lieutenant, veult et entend pour le bien de son service qu'il préside audict conseil, ou, en son absence, le lieutenant particulier, tout ainsy qu'il avoit accoustumé auparavant ledict eedict, nonobstant le règlement pris par icelluy, sans que lesdicts eschevins ou aultres leur puissent faire, mectre ou donner aulcun empeschement, mandant Sa Majesté au gouverneur ou son lieutenant-général en ladicte province et tous autres qu'il appartiendra tenir la main à l'exécution du contenu cy-dessus et de ce qui en deppend, sans souffrir qu'il y soit contrevenu ; et sera le présent arrest leu et registré en l'assemblée généralle et conseil de ladicte ville, à ce qu'aucun n'en prétende cause d'ignorance. Faict au conseil d'Estat du Roy tenu à Paris le seiziesme jour de mars mil six cent quatre.

Signé : CUILLIER.

APPENDICE

—

LISTE

DE QUELQUÉS GOUVERNEURS ET COMPTABLES MUNICIPAUX
DE LA VILLE DE VITRY,
AVANT LA CRÉATION DE L'ÉCHEVINAGE

d'après les documents originaux (1)

I

ANCIEN VITRY.

Ducange cite parmi les chartes communales celle que concéda « Vitriaco in Campania Theobaldus comes » Campaniæ, mense aprili, anno 1230, MS. » (Edition de 1733, tome II, col. 837.) Le texte de ce document, si important pour l'histoire locale, nous est inconnu.

Pierre, mayeur de la commune de Vitry. Deux actes passés en juin et novembre pardevant lui. — Le sceau du mayeur porte un aigle à deux têtes éperonné, avec la légende : *Sigillum Petri de Vitriaco.*

(Archives dép. , fonds de Cheminon, original en parchemin.)

(1) Tout imparfaite qu'elle est, la liste qui suit n'a pas été reconstruite sans peine ; car nous n'avions pour l'établir que des pièces éparses, quelques registres de comptes, des baux de biens communaux, etc. On sait qu'il ne reste aucun registre de délibération antérieur à 1604, et que pour la même période les comptes de la ville ne se retrouvent aux archives que par fragments.

Fourcaut Baudouin, gouverneur pour deux ans.   1391

Comptable : Jouffroy Aubert (1)

« Honorables hommes et saiges maistre Anceault   1413
» Chabraul et Jehan le Pescheur, commis au gouver-
» nement de la ville de Victry. »

Comptable : Colesson de Herpont.

« Honorables hommes et saiges Jehan de Bar et   1415
» Michelet de Brivères, gouverneurs de la ville dudict
» Victry. »

Comptable : Jehan de Bouillon.

GOUVERNEURS.	COMPTABLES.	
	Jehan le Woitat.	1457
	Guyot le Prince.	1463
	Oudet de Beaulne.	1465
	Jehan Guèche.	1468
	Jehan le Colfat (2).	1470

(1) A une époque indéterminée, au temps des comtes de Champagne, les habitans de Vitry avaient fondé près de leur ville la maladrerie de Saint-Ladre ; « et se il avenoit que, soustenu l'estat de ladicte maison, il » y eust aulcun remanant et demourant, ils s'en aidoient en leurs né- » cessitez communes ; » l'administrateur de cet hôpital était élu par les habitants. (Lettres royales de 1357, confirmées en 1363 par le roi Jean, Archives de l'Hôpital. A. 1, original.) « Le revenu de la maladrerie étoit » gouverné par celui qui avoit soin des affaires communes de la ville. » (Arch. munic., FF. 2.) Malgré plusieurs tentatives d'usurpation, les habitants restèrent maîtres de la maladrerie et de ses revenus jusqu'à la destruction de la ville. (Lettres de Louis XI, de François I, etc.)

(2) Pour tous les noms qui précèdent, Hôpital, B, 5, et B, 51.

GOUVERNEURS.	COMPTABLES.
1482 (1) Agot Duchesne.	Jehan Haale (2).
Jehan Pierre.	
	Jehan Regnauld, procureur et receveur.
1483 (3) Jehan Mareschal.	
Pierre Mauclerc.	
1484 (4) Jehan Mareschal.	
Pierre Mauclerc.	
1486 (5) Agot Duchesne.	Gérard de Robert-Espagne, procureur et receveur.
Claude de Vezigneul.	
1495 (6) Thierry Morel, licencié en loix.	
Jehan Pierre.	
1507 (7)	Guillemin Mutigny, procureur et receveur.

(1) Hôpital, II. E, 1.

(2) On voit dans le compte de cette année que le receveur était élu ; la vérification de son compte se fait par « Thierry le Cousinat, licencié » en loix, procureur du Roy nostre sire au bailliage dud. Vichy, Pierre » Mauclerc, Jacques Voital, Jacquemin Jacobé, prinz, nommez et esleuz » de par lesditz habitans, avecques Agot Duchesne, Jehan Pierre, » naguères gouverneurs, et pour ladicte année (1583) Jehan Mareschal » à présent gouverneur d'icelle avec ledict Mauclerc, et Jehan Regnauld, » procureur et receveur pour ceste dicte présente année. » (Hôpital, II. E. 1.) La procédure reste la même au XVIe siècle, sauf que c'est ordinairement le lieutenant général ou le lieutenant particulier qui préside la commission de vérification.

(3) Hôpital, II. E, 1 ; B, 54 et 75.

(4) *Ut supra.*

(5) Hôpital, III. B, 2.

(6) *Ibid.* B, 75 et III, B, 2.

(7) *Ibid.,* B. 54. — On remarquera que, les élections se faisant à la Saint-Martin d'hiver, l'exercice des fonctions de gouverneur se répartissait sur deux années consécutives. Cette circonstance, et le défaut d'indications précises dans les titres que nous avons eu sous les yeux, ont pu causer dans l'établissement de notre liste quelques légères erreurs de date. Nous avons tâché de donner toujours la date de la nomination.

GOUVERNEURS.	COMPTABLES.	
Jehan Mauclerc.	Claude Gayét, procureur.	1509
Jehan Pierre.		
Jehan Mauclerc, licencié en loix.		1518
Jehan Cabrillon, notaire royal.		
	Estienne Morel.	1520
	Pierre le Besgue, procureur	
Pierre Garnot, marchand.		1521
Jehan Roussel, licencié en loix.		
Jehan Roussel, licencié en loix.	Claude Bellart, procureur et receveur.	1522
Jehan Mauclerc, licencié en loix.		
Jehan Cabrillon.	Bellart, procureur-receveur	1523
Pierre Le Besgue.		
Le Besgue.	Laurent Dominé.	1527
Simon Collard.		1528
Philibert Le Besgue.		
Colesson Mauclerc.		
François Roussel.		1531

(1) Hôpital, D, 54, et Durand, p. 578.
(2) *Ibid.* III. B. 2
(3) *Ibid.* II, E. folio 59,
(4) *Ibid.* III. B. 2.
(5) *Ibid.* II. E. 3.
(6) *Ibid.* II. E, 4, folios 71 et 77 ; II. E. 5, folio 69.
(7) *Ibid.* II. E. 5. folio 99 verso.

GOUVERNEURS.	COMPTABLES.
1532 (1) Simon Collard.	Gaucher Henriet.
François Roussel.	
1536 (2)	Jacques Heurquelin.
1537 (3) Edmond Buisson.	Estienne Guillemin.
Noel Jacobé.	
1548 (4) Girard de Besançon, dit Micheron.	Jean Roussel, procureur des habitans.
Jehan Patey.	

VITRY-LE-FRANÇOIS

1548 (5) Didier Baron.	
Estienne Guillemin.	
1553	Laurent Patault (?).
Pierre Langault.	Pierre Haale, procureur et receveur.
1564 (6) Blayze de Lalain.	
1565	Nicolas Lestardy.

(1) Hôpital, II. E. 5, folio 63.
(2) *Ibid*. II. E. 6, folio 78.
(3) *Ibid*. II. E. 6, folio 83.
(4) Archives munic., FF. 1, pièce 2 et 6.
(5) *Ibid*. FF. 1. — Les élections se font dans les premiers jours de novembre.
(6) Hôpital, E, 237, folio 42.
(7) A cette époque et jusqu'aux guerres civiles, « on avoit de cous-» tume de rendre compte par chacun an de tous les deniers communs » escheuz au jour St-Martin, » et le comptable présentait ses comptes le jour de Noël. (Arch. Mun., CC. 78, folio 66 verso.) Les recettes et paiements se faisaient « par ordonnance et mandement de Messieurs du Conseil » particulier et gouverneurs eslus et choisis par lesd. habitans. » (CC. 76, folio 3 verso.)

GOUVERNEURS.	COMPTABLES.	
	Charles Gerville, procureur et receveur.	1570
	Jehan Jacobé.	1571
Estienne Herment.	Jehan Jacobé.	1572 (1
Claude de la Ronde.		
Edme Aubertin.	Jacques Beschefert.	1573 (2
	Jehan Jacobé, marchand, procureur syndic.	
Papillon.		1574 (3
Claude de la Ronde.		
Jehan Jacobé.		
Jehan Haale.		1576 (4
Jacobé.		
	Nicolas Jacobé.	1580
Didier Lafouasse.	Daniel Collin, procureur des affaires communes.	1581 (5
Robert Jacobé.		
Estienne Marguin.	Nicolas Mauclerc (7).	1582 (6

(1) Hôpital, II. E.
(2) *Ibid.* III. B. 2.
(3) Arch. muni., CC. 68, folio 46, et Hôpital, II. E. 8.
(4) Hôpital, II. E.
(5) Arch. mun. CC, 69, folio 85.
(6) *Ibid.* CC. 69, folios 89, 93 ; et CC. 71, folio 51.

(7) Nommé par lettres royales du 23 janvier 1582, à l'état et office de receveur des deniers communs patrimoniaux, dons et octrois. Cette nomination faite en vertu de l'édit d'octobre 1581, par lequel le Roi, pour obvier aux malversations, avait créé cet office dans toutes les villes et bourgs du royaume. (CC. 71, folio 1, où sont transcrites les lettres royales.)

GOUVERNEURS.	COMPTABLES.
	Daniel Collin, procureur.
1584 (1) Daniel Collin.	Nicolas Mauclerc.
Estienne Marguin.	
Claude Robert.	
Claude Millet.	
Claude Robert.	
1585 (2) Claude Millet.	
Simon Hullon.	
1586 (3) Claude Millet.	Nicolas Mauclerc.
Simon Hullon.	Billard, procureur.
Pierre Bailly.	
Hugues du Boys.	
1587 (4) Pierre Bailly.	Nicolas Mauclerc.
Jan Thénard.	
Jan de Lalain.	
1588 (5) Jan Thénard.	Nicolas Mauclerc.
Jan de Lalain.	
Noël Jacobé.	
1589 (6) Noël Jacobé.	Nicolas Mauclerc.
Nicolas Jacobé.	
1590 (7) Pierre Thiclement.	Nicolas Mauclerc.
Jan Thénart.	

(1) Arch. mun., CC. 71, folios 91, 92, 146.
(2) *Ibid.* CC. 71, folios 98, 123, 147.
(3) *Ibid.* CC. 71, folios 138, 145, 146, 181.
(4) *Ibid.* CC. 71, folios 254, 270 ; et CC. 77, folio 53.
(5) *Ibid.* CC. 77, folios 61, 65.
(6) *Ibid.* CC. 77, folios 69, 71, 80.
(7) *Ibid.* CC. 77, folios 88, 92.

GOUVERNEURS.	COMPTABLES.	
	Nicolas Valleton (1).	
Pierre Thielement.		
Jan Pancheron.	Robert, Crétey, notaire royal (3).	1591 (2)
Pierre Thielement.	Robert Crétey.	1592 (4)
Jan Pancheron.		
Claude de Lalain.		
Jan Gaytat,		
Claude de Lalain.	Robert Crétey.	1593 (5)
Jan Gaytat.		
Claude de Lalain.	Crétey, receveur (6).	1594 (7)
Jan Gaytat.		
Gaspart Duraiz.		
Nicolas Gerville.		

(1) A l'occasion des guerres, Mauclerc s'était enfui à Châlons. Nicolas Valleton, son successeur, avait fait de même peu après, et la ville, pour se couvrir des 340 écus dont il était débiteur, avait vendu sa maison. (CC. 77, folio 49 verso.)

(2) Arch. mun. CC. 72, folio 51 ; et CC. 75. p. 15.

(3) Robert Crétey avait été « nommé et esleu par les habitans et » communaulté pour faire la recepte et despence des deniers communaulx » au lieu et place de MM. Nicolas Mauclerc et Nicolas Valleton absens. » (CC. 72, f° 1.) Il avait inutilement présenté des « excuses pertinentes ; » les habitants lui avaient « enjoint » de prendre cette charge, mais en lui promettant qu'il n'aurait à rendre de comptes que pardevant eux, et que, s'il était inquiété par la Chambre des comptes de Paris, la communauté supporterait tous les dépens.

(4) Ibid. CC. 72, folio 50 ; CC. 73, folio 68 ; et CC. 73. p. 4.

(5) Ibid. CC 73, folio 56.

(6) A partir de 1591, c'est-à-dire de la reddition de Vitry au Roi, le comptable va rendre compte à Paris, en la Chambre des comptes, des deniers d'octroi (CC. 77, folio 108), et une commission financière s'occupe, en vue de cette liquidation, de régulariser la comptabilité de Crétey et de Valleton (ibid. folio 116).

(7) Ibid. CC. 73, folio 56 ; CC. 76, folios 7, 39, 65. Hôpital, E, 292, 293.

GOUVERNEURS.	COMPTABLES.
1595 (1) Gaspart Duraiz.	Nicolas Mauclerc.
Nicolas Gerville.	
Nicolas Germain.	
Gilles Jacobé le jeune.	
1596 (2) Nicolas Gerville.	Nicolas Mauclerc.
Gilles Jacobé.	
1598 (3) François Roussel, notaire royal.	Nicolas Mauclerc.
Jehan Jacobé.	
1599 (4) Jean Jacobé.	Nicolas Mauclerc (5).
Loys Michaut.	
1602 (6) Claude Regnauldot.	
Jacob Varnier.	
1603 (7) Richard Blanchard.	
	Gilles Jacobé, sindic.

(1 Arch. mun. CC. 76, folio 2 ; CC. 77, folio 187. Hôpital E, 289.

(2) *Ibid*. CC. 77, folio 150.

(3) *Ibid*. CC. 78, folio 42.

(4) *Ibid*. CC. 78, folio 1.

(5) Depuis les troubles civils, la comptabilité était devenue très irrégulière, et, notamment, il n'y avait plus eu de date fixe pour la présentation des comptes. C'est en 1599 que l'on revint aux usages signalés dans une note précédente. (CC. 78, folio 65 verso.)

(6) Hôpital, E. 294.

(7) Procès-verbal de création de l'échevinage, FB. 1. — A partir de 1604, la liste des officiers municipaux est bien connue. Elle a été relevée par M. Flye Ste-Marie dans son inventaire ms. des archives municipales, et publiée par le Dr Valentin.

ERATUM, page 8. — La conversion du Roi est antérieure de 5 jours à la trève générale.

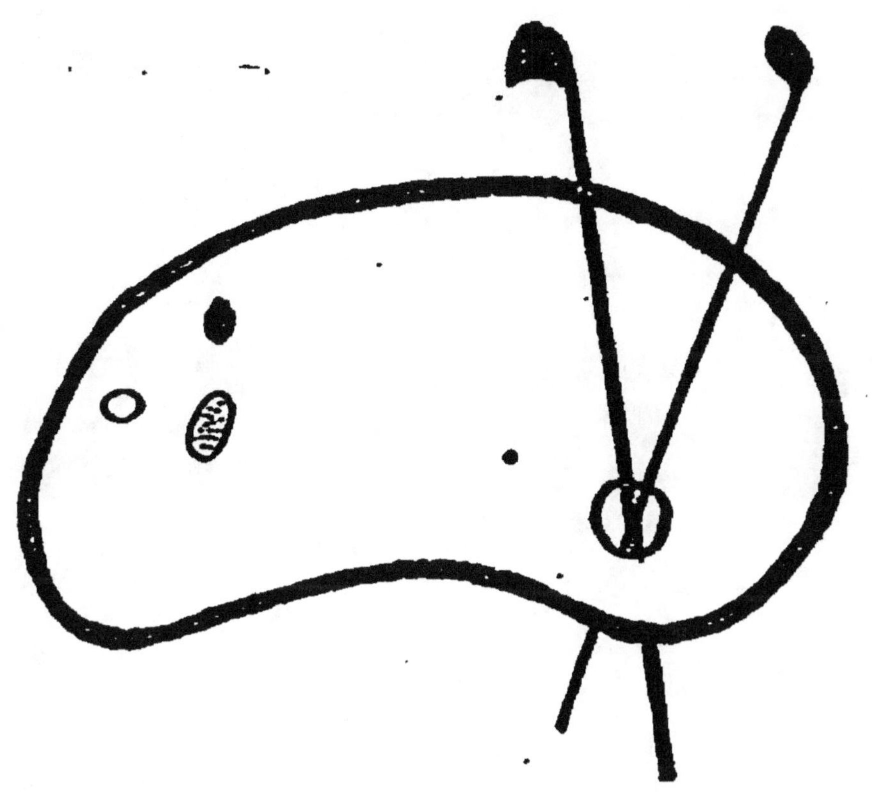

ORIGINAL EN COULEUR
NF Z 43-120-8